HO FU-LUNG · ULI FRANZ

MIT
LUST
UND
LIEBE

CHINESISCH KOCHEN

EINE
KULINARISCHE
REISE DURCH
DAS REICH DER
MITTE

Inhalt

Angreifen genügt

„Entgegensehen, ausweichen, angreifen!" Ein uralter, millionenfach erprobter und listiger Ratschlag für die Teilnahme an einem großen chinesischen Essen, an einem Bankett mit mindestens zehn Gängen. Was bedeutet dies? Ganz einfach: Erst einmal warten und nicht von all den vielen köstlich duftenden Gerichten zu viel essen, sondern erst dann, wenn etwas wirklich Gutes hereingetragen wird, angreifen.

Nun befinden Sie sich in einer beneidenswerten Lage, Sie sind Gast, Gastgeber und Koch zugleich. Allein in Ihrer Hand liegt es, ob entgegengesehen, ausgewichen oder angegriffen werden muß. Wir meinen: angreifen genügt, denn im vorliegenden Buch sind die leckersten Köstlichkeiten aus Chinas vier großen Regionalküchen – aus Shanghai, Kanton, Peking und Sichuan (Szetchuan) – in Wort und Bild vorgestellt.

Die chinesische Küche nennen wir eine Wissenschaft der Köstlichkeiten, weil sie mehr als nur ein guter Kochstil ist. Sie hat in ihrer 5 000jährigen Geschichte den ritualisierten Rahmen einer soliden Essenszubereitung gesprengt und ehrfürchtig dem schrankenlosen Vergnügen des anspruchsvollen Verzehrens Platz gemacht. Mehr noch! Die chinesische Küche gilt auch als eine geheimnisvolle Küche, weil sie Rätsel aufgibt: Ist der Küchenchef nun Arzt oder Koch? Gerade dieser Umstand verschafft dem altchinesischen Sprichwort „Wer essen will, soll den Koch nicht beleidigen" große Geltung – und Ihnen auch, denn Sie sind der Koch.

Ho Fu-Lung
Uli Franz

Chinesische Malerei aus der Sung-Dynastie, Nationalmuseum Taipeh

Gleich einer Sinfonie

Das Wesen der chinesischen Küche

Das Erfolgsrezept der chinesischen Küche klingt verblüffend einfach: sie fordert die Natur heraus, sie packt sie bei ihrer Frische. Es ist wie ein Kampf, wenn taufrisches, behutsam zerkleinertes Gemüse in rauchendes Öl geworfen wird. Die „Explosion" im Wok ist gewollt, niemand verletzt sich, und die kurz gebratenen Paprikastreifen oder Sojabohnenkeimlinge sind in ihrem Inneren frisch und knackig geblieben. Chinas Küche packt die Natur also nicht nur bei ihrer Frische, sondern rettet diese auch noch hinüber in die Schale des Feinschmeckers.

So laut die „Explosion" im Wok, so still verhält es sich mit der Kunst des Kochens im allgemeinen. Mit Getöse kommen die fertigen Gerichte auf den Tisch, doch diese entstehen bekanntlich hinter verschlossenen Türen. Dort sind Köche am Werk, die nicht viel Aufhebens von ihrem täglich erprobten Können machen: Sie zaubern Vielfältiges, Kontrastreiches und Duftendes.

Aber nicht nur zur Freude von Gaumen, Auge und Nase, sondern auch im Interesse der Eingeweide – der Nieren, der Milz, der Lunge und des Herzens, denn diese Organe gilt es zu stärken. Nach altchinesischer Auffassung hängen von gestärkten Eingeweiden die Gefühlsregungen, das Handeln, ja sogar die Tugendhaftigkeit des Menschen ab. Und der größte Gelehrte der chinesischen Antike, Konfuzius (551 bis 479 v.Chr.), nahm sogar einen direkten Zusammenhang zwischen einem richtig ernährten Volk und einem starken Staatswesen an.

Im alten China begegnete der Mann auf der Straße einem stadtbekannten Koch mit der gleichen Hochachtung wie einem Gelehrten, und bei nicht wenigen Kaisern galt derjenige als der beste Minister, der gut kochen konnte. Ein Koch, der sich nach einer mühsamen, mehr als ein Jahrzehnt dauernden Ausbildung Meisterkoch nennen darf, versteht viel von Harmonie, Kontrasten – weich-knusprig, süß-sauer – und Akzentuierung, denn das sind die Prinzipien einer Küche, die ihre Raffinesse nicht aus einer Vielzahl von Gerätschaften und Hilfsmitteln, sondern aus der Kenntnis der Frische, der speziellen Eigenschaften der Zutaten und aus dem Können ihrer Köche gewinnt. Diese drei Prinzipien sind bereits dem ältesten noch erhaltenen chinesischen Kochbuch aus dem Jahre 533 zu entnehmen.

Egal ob Kantoner, Shanghaier, Sichuaner oder Pekinger Küche – alle vier charakterisiert die Trennung in Fan und Cai: Speisen aus Getreide wie Reis und Nudeln und Speisen aus Gemüse. Traditionell tauchen übrigens hier wie da Fleisch und Fisch nur als Beilage auf.

Beim typischen, aus mehreren Gängen bestehenden Essen fehlt ein dominierendes Hauptgericht, vielmehr weist die Speisenfolge einen weitgedehnten Spannungsbogen auf. So erinnert ein opulentes Bankett an eine Sinfonie mit Höhen, Tiefen und einer beeindruckenden Themenvielfalt – auch wenn sich die Ouvertüre bescheiden gibt, mit einer Tasse Tee und einer schön dekorierten kal-

Fischskulptur auf dem First eines südchinesischen Tempels

ten Platte. Das kurze Finale besteht aus einer Suppe, die allein dazu dient, auch noch das allerletzte „Eckchen" des Magens zu füllen.

Die chinesische Küche ist eine Wissenschaft der Köstlichkeiten. Lüften wir nur ein Geheimnis, um dies zu belegen, lüften wir das Geheimnis der „Tausendjährigen Eier". Auf jeden Fall müssen die Eier frisch sein, bevor sie mit einer Prise Arsen behandelt und in kalkhaltigem, mit Kleie oder Reisspelzen vermengtem Schlamm luftdicht vergraben werden können. 45 Tage später werden sie dann den Tonkrügen entnommen und wirken von außen wie archäologische Funde, während das Eiweiß blaugrau und fest wie Gelee, der Dotter hingegen cremig und graugrün geworden ist. Diese aromatischen „Fossile" können jetzt mit klein gehacktem Ingwer in Sojasauce serviert werden. Ohne Übertreibung – verdient eine Küche, die ein einziges Horsd'œuvre derart ausgeklügelt zubereitet, nicht die Auszeichnung Wissenschaft der Köstlichkeiten?

Wie ein Strauß bunter Blumen

Die vier verschiedenen Stile

„In den Herbergen des Nordens", schrieb ein Reisender im 14. Jahrhundert, „erhält der hungrige Gast weder zum Reis noch zum Wein eine Beigabe. Vielmehr muß er sich mit kleinen Platten voller Zwiebeln und Dampfbrot begnügen." So abfällig konnte sich nur ein verwöhnter Südchinese über die Küche des Nordens äußern. Und tatsächlich stammte der Reisende aus der Gartenstadt Hangzhou, wo man zu jener Zeit sogar an Bord spezieller Bankettdschunken auf dem abendlichen Westsee speisen und ausgelassen zechen konnte.

Wie die Landschaft, so unterscheidet sich auch die Küche des Nordens von der des Südens. Am Gelben Fluß offenbart sich die Natur derb, braun und runzlig, die Küche deftig und herzhaft: statt mit weißem Reis, mit gelbem Weizen, Hirse und Sojabohnen. Am Yangtse-Fluß hingegen zeigt sie sich jadegrün, üppig und saftig, die Küche raffiniert und zart: mit poliertem weißem Reis und einer großen Vielfalt an bunten Gemüsen.

Das antike China kannte anfangs nur zwei Regionalküchen, die eine am Gelben Fluß, Shandong-Küche genannt, und die andere am Yangtse. Die Südchinesen bevorzugen bis heute Reis („Ein Essen ohne Reis ist wie ein schönes, aber einäugiges Mädchen"), während die Nordchinesen aus Wasser und Weizen gemachtes Dampfbrot lieben.

Auch wenn sie es nicht zugeben, die Nordchinesen leben doch in vieler Hinsicht bescheidener als die „Menschen südlich des Flusses" (Jiang nan ren), wie sich die Südchinesen nennen. Zwar essen alle traditionell am herbstlichen Mondfest runde Kuchen, doch im Norden sind die handtellergroßen Kuchen lediglich mit Rohrzucker- oder Bohnenpaste gefüllt, im Süden hingegen reicht die Palette von Schinken über Datteln, getrocknete Aprikosen und Lotussamen bis hin zu Walnüssen.

Exotische Leckerbissen kannten die einzelnen Regionalküchen schon früh: scharf gebratene Kamelhöcker im kargen Norden, gedünstete Frösche und Schlangen im tropischen Süden, marinierte Bärentatzen und Elefantenrüssel im bergigen Südwesten, wo sich heute die Provinz Sichuan (Szetschuan) erstreckt. Das Fleisch von Fasan, Wachtel, Kaninchen und Wildente aßen alle, denn die Mediziner sagten ihm eine besonders stärkende Wirkung nach.

Der dreiste Spruch „Sie essen alles, was vier Beine hat – außer Tische – und alles, was fliegen kann – außer Flugzeuge" mag auf Kantonesen zutreffen, nicht aber auf Shanghaier, Sichuaner und Pekinger. Im Gegenteil, die Gourmets aus Peking verspotten von alters her ihre Landsleute im 2 300 Kilometer entfernten Kanton, weil diese sogar schwarze Kröten für eine Delikatesse halten. Doch einem verging das Lachen, denn seine geliebte Frau wurde Opfer der freizügigen kantonesischen Küche. Der Song-Kaiser Zhao Xu hatte den berühmten Dichter Su Dongpo (Su Shi, 1036 bis 1101) an die Südspitze des Reiches auf die Urwaldinsel Hainan verbannt. Dort, während des dreijährigen Exils, starb Su Dongpos Gattin nach erbärmlichem Siechtum. Nein, weder eine Seuche noch ein Schlangenbiß hatte sie dahingerafft, sondern das Lieblingsgericht der „unzivilisierten, armen Teufel von Hainan". Die Einheimischen hatten den Verbannten nur etwas Gutes tun wollen und ihnen gebratenes Schlangenfleisch serviert, was Frau Su prompt für köstlichen, frisch gefangenen Fisch gehalten hatte. Als sie allerdings die Wahrheit erfuhr, mußte sie sich vor Ekel übergeben, erkrankte an Fieber und sollte sich nicht mehr erholen.

Landesweite Geltung kam dem Kochstil einer Region oder Provinz immer nur dann zu, wenn das Gebiet große wirtschaftliche, politische und kulturelle Bedeutung errang. So verdankt die Küche des Ostens, die traditionell im Yangtse-Delta zu Hause ist, ihren guten Ruf der Stadt Yangzhou am Kaiserkanal, die in der Sui- und Tang-Zeit (581 bis 907) als die schillerndste Handelsmetropole des Reiches galt. Erst 700 Jahre später, in der Qing-Zeit (1644 bis 1911), lief ihr Kanton (Guangzhou) den Rang ab, nun hatte die große Stunde der kantonesischen Küche geschlagen.

Die Kochkunst der südwestlichen Provinz Sichuan verdankt ihre Popularität nicht zuletzt der Tatsache, daß während des chinesisch-japanischen Krieges von 1937 bis 1945 die Nationalregierung die Hauptstadt der Republik China von Nanjing nach Chongqing am Oberlauf des Yangtse verlegen mußte.

W Ü S T E
G O B I

NIQU

AUTONOME REGION INNERE MONGOLEI

Mauer

Qinghai-See

Huang He (Gelber Fluß)

Große

PEKING (Beijing)

HEBEI

SHANXI

SHANDONG

Gelbes Meer

Mekong

Luoyang

Xi'an

HENAN

Kaiserkanal

Yangzhou

Suzhou

SHANGHAI

Ostchinesisches Meer

SICHUAN

HUBEI

Chengdu

Chongqing

Jangtsekiang

Hangzhou

Shaoxing

Ningbo

HUNAN

GUIZHOU

FUJIAN

Fuzhou

Taipeh
(T'ai-pei)

Dali

Kunming

AUTONOME REGION
GUANGXI

Guilin

Yangshuo

GUANDONG

TAIWAN

YUNNAN

Kanton
(Guangzhou)

HONGKONG

Südchinesisches Meer

HAINAN

JILIN

Mit einer Prise Zucker – Die Küche des Ostens

Auch die Küche Ostchinas erinnert an einen bunten Strauß aus verschiedenen Stilrichtungen. Allerdings vereinen sich hier nicht Provinzküchen, sondern die Küchen bedeutender Städte wie Shanghai, Yangzhou, Hangzhou, Suzhou, Shaoxing (Shao Hsing) und Ningpo. Obwohl jede auf ihre eigenen Schöpfungen stolz ist, bekennen sie sich doch alle zum Garen mit brauner, aus Soja, Zhejiangessig und Zucker angerührten Sauce und zum Dämpfen und Dünsten der häufig verwendeten und kräftig gewürzten Meeresfrüchte.

In der Küche des Ostens kann der Koch an allem sparen, nur nicht am Öl. Dafür neigt er eher zum sanften, langsamen Schmoren als zum kräftigen Braten in der Pfanne, damit die Speisen so saftig und aromatisch wie möglich auf den Tisch kommen. Insbesondere die Küche der Zwölfmillionenstadt Shanghai zeichnet sich durch langsam geschmorte, unter Rühren gebratene, fritierte und gedämpfte Speisen sowie eine beachtliche Vielfalt von kalten Platten aus. Das „Salz" dieser Küche besteht aus weißem Rohrzucker, schwarzem Zhejiangessig und bernsteinfarbenem Reiswein aus der ehrwürdigen Ortschaft Shaoxing, die 160 Kilometer südlich von Shanghai liegt. Die Meisterköche im Yangtse-Delta schwören auf diese drei Zutaten, um ihre Spezialitäten geschmacklich von denen der Pekinger und Kantoner Küche abzuheben. Was dem Norden seine Ente, ist dem Osten seine Krabbe – geröstet, gedünstet, als Brei oder als Butter zubereitet. Die „Berühmtheit" der Shanghaier Küche mißt knapp 15 Zentimeter und heißt Wollhandkrabbe. Das begehrte Schalentier entstammt nicht dem Pazifik, sondern dem Yangcheng-See nahe der Gartenstadt Suzhou. Rosaroter Jinhua-Schinken, Huhn mit Maronen, gedünstetes süß-saures Schweinefleisch – all diese Gerichte stehen in Shanghai auf der Speisekarte ebenfalls ganz oben. In Yangzhou schnalzt jeder mit der Zunge, wenn er nur das Wort „Löwenköpfe" vernimmt, denn sofort kommen ihm große weiche Fleischklöße in den Sinn. Hört hingegen ein Suzhouer den Namen „Bettlerhuhn", dann muß er an eine witzige Geschichte denken.

Es war einmal zur Winterszeit, als ein verarmter Bauer, der vor lauter Schulden zum Hühnerdieb geworden war, an einem einsamen Seeufer ein Feuerchen entfachte. Gerade als er sich anschickte, das gestohlene Huhn zu rösten, kam sein Grundherr dahergeritten. Der verängstigte Bauer versteckte geschwind das gerupfte Tier in einem Lehmklumpen, den er in die Glut warf. Nichtsahnend nutzte der hohe Herr das Feuerchen, um sich zu erwärmen, und ritt erst nach geraumer Zeit wieder davon. Aus lauter Wut über den vermeintlich entgangenen Braten trat der Bauer so heftig gegen den gefüllten Lehmklumpen, daß dieser zerbrach und das gegarte, wunderbar duftende Hühnchen freigab.

Heute braucht der Gast in den Restaurants von Suzhou, in denen das „Bettlerhuhn" serviert wird, keinen Fußtritt mehr zu riskieren, denn mit dem Lehmklumpen wird ihm ein Hammer gereicht.

Solide und deftig – Die Küche des Nordens

Die windigen Ebenen des Nordens geben sich staubig und ausgedörrt. Sie leiden unter einem feuchtheißen Sommer und einem trockenen, bitterkalten Winter. Hier gedeiht statt Vielfalt Eintönigkeit. In den Kochtöpfen sieht es entsprechend aus: Gerichte aus Weizen, Mais, Hirse und Sojabohnen; im Winter Rüben und Chinakohl, im Sommer allenfalls Tomaten, Blumenkohl, Raps, Kürbisse, Auberginen, Porree und Frühlingszwiebeln. Die Küche des Nordens, zu der die Stile der Provinzen Shandong, Shanxi, Henan und der Inneren Mongolei zählen, läßt sich wohlwollend als solide, deftig und sättigend charakterisieren. Berühmtheit erlangte die herbe Kochkunst des Nordens erst, als sie in der kaiserlichen Küche aufging und sich zur Peking-Küche ausprägte.

Die Küche der alten Kaiserstadt erhielt ihr Raffinement allerdings erst durch den Ideenreichtum der Küstenprovinz Shandong. So braten die Pekinger den weißen Sojabohnenkäse, Tofu, traditionell einfach in Öl, während ihn die Shandonger stets mit Garnelen und Gemüse und mit einer pikanten Sojatunke würzen. Für einen Gourmet aus der Hauptstadt gilt bereits ein Shao bing, ein Sesambrötchen mit gehackter Lammfleischfüllung, als Leckerbissen. Lediglich an ein Gericht stellt man hier die höchsten Ansprüche – an die Peking-Ente. Nur wenn sich ihre Haut dattelrot und ihr Fleisch zartgrau, mit weißen Fettpölsterchen durchsetzt, darbieten, ist das kritische Auge des Pekingers zufrieden. Und sein Gaumen nur dann, wenn das Entenfleisch durch Stopfen des Jungtieres – 40 Tage lang mit Hirse, Mais und Weizen – besonders saftig schmeckt und die Haut besonders knusprig ist, weil die Ente über einem offenen Feuer aus Birnbaum- oder Dattelpalmenholz geröstet wurde. In Verzückung gerät er, wenn die „vier Köstlichkeiten" serviert werden: die aus der gebratenen Zunge, den Nieren, den Füßen und einer Suppe aus dem Blut der weltberühmten Ente bestehen.

Garküche in Xian

Sanddünen in der Gegend von Dunhuang, Innere Mongolei

Shanghai

Berge am Lijiang bei Yangshuo

Yaks auf einer Wiese im Westen Chinas

Voller Farbenpracht und Vielfalt – Die Küche des Südens

„Geboren werden in Suzhou, leben in Hangzhou, essen in Guangzhou und sterben in Liuzhou." Dieser alte Spruch verkörpert den chinesischen Traum vom Paradies auf Erden: Aus Suzhou stammen nämlich die schönsten Frauen Chinas, in Hangzhou wird die edelste Seide gewoben, in Guangzhou (Kanton) am besten gekocht und in Liuzhou schlägt man das wertvollste Sargholz.

Traumhaft und über alle Maßen exotisch präsentiert sich die Küche des subtropischen und tropischen Südens, wo Bauern besser die Bezeichnung Gärtner verdienen. Auf den winzigen, überaus üppigen Äckern, die zum Teil sogar südlicher als der Wendekreis des Krebses liegen, ernten sie dreimal im Jahr.

Zur Küche des Südens zählen die Kochstile der Provinzhauptstädte Kanton und Fuzhou, der Inseln Taiwan und Hainan und der Stil der Hakka, eines chinesischen Volksstammes, der im fünften Jahrhundert aus dem Norden kam und sich in den fruchtbaren Küstenprovinzen Guangdong und Fujian niederließ. Als die klassischen Hakka-Spezialitäten gelten das „salzgebackene Huhn" und das Schweinehackfleisch mit Tofu. Die Fuzhou-Küche verarbeitet reichlich Schweineschmalz und hat sich den Suppen verschrieben: Oft sind sieben von zehn Gerichten eines Bankettes ganz unterschiedliche Suppenkreationen.

Als Königin der Südküche gilt die kantonesische Küche, die für geröstete oder unter Rühren gebratene Gerichte und Tunken berühmt ist. Dank der ungeheuren Gemüse- und Obstvielfalt fiel es ihr leicht, sich als exotischste Küche Chinas zu exponieren. Keinem Koch aus Shandong oder Shanghai gelingt es, so feine Gerichte aus Fleisch, gepaart mit Meeresfrüchten, zu kreieren.

Garküche auf dem großen Platz in Kunming

Mehr als nur scharf – Die Küche des Westens

Hinter gewaltigen Bergen und reißenden Flüssen versteckt sich am Fuß des Tibet-Plateaus das „Vier-Strom-Land" Sichuan, mit 100 Millionen Menschen Chinas bevölkerungsreichste Provinz. Der bergige Südwesten, zu dem auch die Provinzen Yunnan, Guizhou und Hunan zählen, gibt sich unwegsam und verregnet. Selbst im Sommer leiden die Menschen unter der feuchten Hitze, die wie eine Gaze über der jadegrünen Landschaft zu hängen scheint. „Wenn die Sonne scheint, bellen die Hunde", lautet ein altes Sprichwort.

Das Klima prägt nicht nur den Lebens-, sondern auch den Kochstil. So bevorzugen die Menschen, um sich von innen zu wärmen, feurige Speisen mit viel Chili, Sesamöl, Ingwer und Schalotten. Im Winter servieren die Restaurants in den Provinzen Sichuan und Hunan einen großen Teller mit geräuchertem Schweine-, Enten- und Hühnerfleisch, als sei es das chinesische Nationalgericht. Die Küche der hochgelegenen Teeprovinz Yunnan („Unter den Wolken") kann dafür zwei seltene Spezialitäten vorweisen: die Bambusratte mit Schinken, Pilzen und Bambussprossen und den Yunnan-Topf, der mit dem französischen Pot-au-feu vergleichbar ist.

Das Geheimnis der Sichuan-Küche heißt La jiao: Chili. Dieser öffnet bekanntlich wie ein Dampfbad die Poren der Haut und sorgt somit im Sommer für Kühlung und im Winter für innere Hitze. Scherzhaft nennt der Sichuaner die wurzelartige kleine Schote „Spätzünder", weil sie erst nach Minuten auf der Zunge explodieren. Nun kennzeichnet die Sichuan-Küche aber nicht einfach nur Schärfe, sonst käme sie ja ausschließlich mit Chili aus. Tatsächlich braucht sie noch Sternanis, Koreander und Fenchel.

Daß die Speisen nicht nur „spicy" sind, belegen auch folgende Prinzipien, die jeder Küchenjunge gleich zu Beginn seiner Ausbildung erlernen muß: Süß (tian) stammt von Honig oder Zucker, sauer (suan) von Essig, salzig (xian) von Salz oder Sojasauce, aromatisch (xiang) von Knoblauch oder Ingwer, bitter (gu) von Frühlingszwiebeln oder Porree, nußartig (ma) von Sesam oder Öl und scharf (la) von Chili.

Gewiß, herzhafte Gewürze, aber nur kombiniert mit den Kochmethoden Simmern und Räuchern, ergeben den typischen Charakter der Sichuan-Küche und sorgen bei der Spezialität „Geräucherte Ente" für die besondere Note. Und diese läßt sich folgendermaßen herstellen: Zuerst wird eine Flugente 24 Stunden in einer Marinade aus Sichuan-Pfeffer, Ingwer, Zimtstangen und bitteren Orangenschalen eingelegt, dann dämpft man sie zwei Stunden im Bambuskorb und räuchert sie schließlich über einem offenen Feuer aus Kampferholz und Teeblättern.

Falsches Fleisch und echtes Gemüse

Die vegetarische Küche

Fleischlos zu essen galt bereits vor 3 000 Jahren als gesund, vitalisierend und lebensverlängernd. So empfanden die alten Chinesen die vegetarische Kost nie als vorübergehende Mode oder exotische Variante ihrer sonstigen Küche, sondern als eigenständigen Kochstil mit mythischer und religiöser Bedeutung.

Starb der Vater oder die Mutter, dann verlangte es die Sitte, daß die Kinder monatelang die traditionell weiße Trauerkleidung trugen und vegetarisch aßen. Noch heute pflegen traditionsbewußte Chinesen die Sitte, fleischlose Gedenktage zu Ehren der Ahnen einzuhalten, und zur Sonnenwende am fünften Tag des fünften Mondmonats – Mitte Juni – pflegte man im alten Hangzhou das Orchideenfest mit ausschließlich vegetarischen Speisen zu begehen.

Die taoistischen Naturphilosophen verlangten von ihren Anhängern schon immer, fleischlos, entsprechend einer strengen Diätetik zu leben. Nur durch einfache Kost („Auf nichts Begehrenswertes sehen; so verhütet man, daß das Herz sich verirrt"), naturverbundenes Leben und Meditation ließe sich Frieden, Harmonie und Glück finden, predigte der „Alte Meister" Laotse. Und selbst der weise Konfuzius soll gefordert haben, daß sich der Edle fern der Küche halte, die mit Fleisch arbeitet.

Da der Buddhismus das Töten von Tieren, insbesondere von Arbeitstieren wie Rindern und Büffeln, ablehnt, gewann die vegetarische Küche ab dem dritten Jahrhundert so stark an gesellschaftlichem Einfluß, daß sich drei eigenständige Stilrichtungen der vegetarischen Kochkunst – Palastküche, Klosterküche und Volksküche – herausbilden konnten. Diese Entwicklung wurde durch die kulinarischen Experimente buddhistischer Mönche begünstigt, einen künstlichen Ersatz für Fleisch zu finden. So begann man diverse Fleischgerichte, egal ob vom Huhn, Fisch oder Schwein, mit getrocknetem oder eingelegtem Gemüse, Tofu und anderen Sojaprodukten optisch und geschmacklich nachzuahmen, dadurch entstand im Volksmund der Begriff „falsches Fleisch" für alles Vegetarische.

Kloster in Ulan Bator, Mongolei

Genußsucht und Hungersnöte

Zur Geschichte des Essens

Mit Hirse und Gemüse fing alles an

Täglich soll er sich vergiftet, doch immer wieder selbst gerettet haben, denn der „Göttliche Landmann" kurierte sich stets von neuem mit grünem Tee. Der Landmann Shen Nong lebte bewußt gefährlich, weil er alle möglichen Blüten, Blätter, Wurzeln, Knollen, Mineralien und Fleischarten probieren wollte, um zu erfahren, ob sie eßbar sind. Sein so erworbenes pharmakologisches Wissen machte ihn berühmt, ja legendär, und ließ ihn zum Gott der Apotheker und Köche werden. Doch auch die Bauern verehren ihn: als Ackerbaugott und Erfinder des Pfluges, den er aus einem krummen Stecken geformt haben soll.

Diesen Shen Nong muß es wirklich gegeben haben, denn in den Annalen der Han, wie sich die Chinesen nennen, taucht er als „Ausländer", als einer aus den Reihen der tibetischen Randvölker, auf. Vermutlich lebte er zu Beginn der Bronzezeit, die man Shang-Dynastie (1500 bis 1050 v. Chr.) nennt. Übrigens, diese erste nichtlegendäre Dynastie Chinas soll ein Koch namens I Yin begründet haben. Mindestens 3 000 Jahre älter als die verwegenen „Kostproben" des Göttlichen Landmannes sind Funde aus der Jungsteinzeit, ausgegraben im Dorf Banpo nahe der alten Kaiserstadt Xi'an. In Tongefäßen entdeckten Archäologen Knöchelchen vom Huhn, Gräten vom Karpfen und eindrucksvolle Knochen vom Elefanten. Bei diesen Funden fragt man sich: Gelüstete den Menschen von damals nur nach Fleisch? Wohl kaum, sonst hätten sich die Könige der Zhou-Dynastie (1050 bis 249 v. Chr.) nicht voller Stolz als Nachfahren eines gewissen Prinz Hirse (Hou Ji) bezeichnet. Der eindeutigen Namensgebung zufolge muß Hirse das erste Getreide der Antike gewesen sein – älter als Reis, Weizen und Gerste.

Inschriften auf Orakelknochen belegen, daß die Menschen bereits in der Zhou-Zeit neben Hirse, Reis und Weizen auch Sojabohnen, Melonen, Staudensellerie, Jamswurzel, Kürbisse – insgesamt 46 Gemüsesorten – kannten. An Festtagen leisteten sie sich einen Wildschwein- oder Hammelbraten, an Werktagen dienten das Schwein, das Huhn und der Hund als Fleischlieferant, nicht aber das Rind, denn dieses galt als Opfertier.

Selbst die „Gaumenkitzler" der verwöhnten Reichen blieben nicht verborgen: geschnetzeltes, in Essig mariniertes Schneckenfleisch, Reisbrei in Fasanenbouillon, gemahlener Klebreis in Hundelebersuppe, mit Knöterich gefüllte Karpfen und in Salz eingelegte Fischeier. Essen macht bekanntlich durstig: So sprach der Betuchte mit Vorliebe vergorenen Getränken zu, während die Kuli und der Straßenhändler mit Essig gesäuertes Wasser oder Pflaumensaft tranken. Ob Arm oder Reich – Speise und Trank sollten aber nicht nur munden, sondern auch symbolisch wirken. So wurden die Pfirsche ihrer Haut beraubt, um ihr gallengrünes Fruchtfleisch zu entblößen, denn die Galle gilt traditionell als Sitz der Tapferkeit.

Wie ausgeprägt, ja raffiniert die chinesische Küche bereits 600 Jahre v. Chr. war, belegt das antike höfische Kochbuch „Schneiden und Garen" in dem 20 Garmethoden – vom Dämpfen bis zum Räuchern – aufgelistet sind. Ein guter Koch mußte „acht Köstlichkeiten" zubereiten können, nämlich Speisen, die reich gebraten, gebacken, geschnetzelt, gedämpft und gegrillt waren, außerdem zählte die Zubereitung von Suppenbällchen, Leber und Fett zu den höheren Kochkünsten.

Ein prüfender Blick in die Küche offenbart oft mehr von der Kultur eines Volkes als das Schnüffeln in Büchern. So entdecken wir, daß in der traditionellen chinesischen Küche Milchprodukte fehlen. Warum? Weil die Han nie als ausgesprochene Nomaden lebten. Erst die Mongolenherrscher im 13. Jahrhundert führten Milch, Butter und Quark im Reich der Mitte ein. Und wir erkennen außerdem, daß das energiesparende Zerlegen, Zerteilen und Zerkleinern von Fleisch und Gemüse dem ausgeprägten Hang zur Sparsamkeit entspringt. Schließlich erfahren wir, daß es ihr Erfindergeist ist, der den Chinesen weltweit den Ruf der kulinarischen „Allesverwerter" einbrachte. Die berühmtesten Denker und Staatsmänner aller Epochen scheuten sich nicht, über Speisen und ihre Zubereitung nachzudenken. So soll Konfuzius einmal gesagt haben: „Der Ursprung aller Sitten liegt beim Essen und Trinken."

Chinas Kochkunst ist heute so verfeinert, weil sie, gleich einem Bambushain, über Jahrtausende hinweg wachsen und sich entfalten konnte, ohne beschnitten oder gar verwüstet zu werden. Wie eine eherne Pflicht übernahmen die Kinder das Erbe ihrer Väter, bereicherten es durch eigene Erfahrungen und reichten das so von Generation zu Generation erweiterte Wissen mündlich und schriftlich an die Nachwelt weiter. Nicht zuletzt dank einer nie abreißenden Entwicklung der kalligraphierten Schrift formte sich eine hochstehende Eß- und Küchenkultur heraus, die bis zu ihren Wurzeln hin sorgfältig in vielen Schriften dokumentiert ist.

Küche der Sani in Yunnan

„Dämpfen im Bambuskorb" lautete das erste aller Rezepte. Da der geflochtene Korb nicht feuerfest war, wagte kein Koch an Braten zu denken. Dieser Zustand änderte sich erst, als ein schlauer Kopf seinen Dampfkorb (Zheng) mit Muschelkalk beschmierte; jetzt war der – 7 Tage lang – feuerfeste Kessel erfunden. Das Hüttenwesen verursachte eine Revolution unter den Küchengeräten: Eisen- und Kupferkessel kamen in Mode, später dann Kochgefäße aus Bronze und Keramik. Doch der Bambuskorb wurde nicht ausgesondert, sondern verschmolz mit

dem Kessel (Fu) zu einer genialen Einheit: unten Fu, oben Zheng. Der Kessel mit seinem „Deckel", dem aufgesetzten Korb, diente bis ans Ende der Han-Zeit im Jahre 220 als das wichtigste Gerät in der chinesischen Küche. Während im Kessel – später in der Kesselpfanne Wok – Fleisch und Gemüse schmorten, garte im aufgesetzten Dampfkorb das Getreide.

Aus dem unzertrennlichen Gerätepaar entwickelten sich zwei Kategorien von Küchengeräten, einmal die Gerätschaften zum Getreidekochen (Fan guo), dann die Geräte zum Gemüsekochen (Cai guo). Diese Einteilung entspricht den beiden Grundstoffen, aus denen jedes Gericht besteht: Getreide (Fan) und Gemüse (Cai). Moment mal – da fehlen doch Fleisch und Fisch? Nun, sie fehlen, weil man beide dem Gemüse zuordnet.

Ein Reich, viele Speisen

Im Abendland machte gerade Hannibal von sich reden, weil er mit 38 000 Soldaten, 8 000 Reitern und 37 Elefanten die Alpen überquerte, als in China ein gewisser Qin Shi Huangdi (er regierte 221 bis 210 v.Chr.) den ungewöhnlichen Ehrentitel „Reichseiniger" erhielt, weil er die sogenannten Streitenden Reiche zu einem einzigen Reich, eben dem Reich der Mitte, verschmolz. Kaiser Qin ordnete nicht nur den Bau der Großen Mauer und die Vereinheitlichung der Maße und Münzen an, sondern bewirkte auch die Zusammenführung der vier großen Kochstile, die bis heute die chinesische Küche prägen: die klassische Pekinger Küche, die opulente Shanghaier, die delikate Kantoner und die herzhafte der Provinz Sichuan.

Der rege Austausch von Rezepten, der nun zwischen den Regionalküchen einsetzte, belebte den Speisezettel ungemein. Ab dem ersten Jahrhundert – die Getreidemühle war gerade erfunden – begannen die Zeitgenossen Gefallen an Nudeln, Dampfbrot und Weizenmehlkugeln sowie Sojabohnenkäse (Tofu) zu finden. Langsam veränderten sich auch die Eßgewohnheiten: Die Gourmets bevorzugten an Festtagen statt Hammel- Schweinebraten und werktags ein Cai(Gemüse)-Gericht mit Hühnerfleisch. Wer wenig Geld besaß, lebte vegetarisch.

Da sich das Kaiserreich mittlerweile zu öffnen begann, gelangten in der Han-Zeit (202 v.Chr. bis 220 n.Chr.) Gewürze, Gemüse und Obst, wie Trauben, Granatäpfel, Walnüsse, Sesamkörner, Zwiebeln, Erbsen und Gurken, aus Zentralasien über die Seidenstraße nach China. Die damalige Zubereitung der Cai- und Fan-Gerichte ist seit 1972 kein Geheimnis mehr, denn in jenem Jahr entdeckten Archäologen im südchinesischen Dorf Mawangdui unberührte Fürstengräber aus der westlichen Han-Dynastie (202 v. Chr. bis 9 n. Chr.). Neben der in Seide gehüllten Mumie einer 50jährigen Frau lagerten in 48 Bambuskörben und 51 Keramiktöpfen gewaltige Vorräte an Hirse, Reis, Weizen, Gerste, Sojabohnen, weißen Bohnen, Raps, Bambussprossen, Knoblauch, Lotuswurzeln, Linsen, Ingwer, Birnen, Pflaumen und Pfirsichen. Um ihre Seele auf der Reise ins Reich der Toten vor dem Verhungern zu bewahren, hatte man sie darüber hinaus reichlich mit dem Fleisch von Schwein, Hund, Pferd, Rind, Hammel, Fasan, Wachtel, Wildbret, mit Karpfen, Brassen und Flußbarsch versorgt. Und was die flüssige Nahrung für das Jenseits anbelangt, da ließen die Reste in den Trinkgefäßen keinen Zweifel offen: Auch die Damen der Antike liebten Alkoholisches aus Reis, Hirse und Weizen.

Als weiterer Beleg für die erstaunliche Nahrungsvielfalt vor 2 000 Jahren erwies sich die sachkundige Auflistung von Kochmethoden und Nahrungsmitteln auf 312 zusammenhängenden durchnumerierten Bambustäfelchen, den Vorläufern der gebundenen Bücher. Bemerkenswert: In der leicht zu entziffernden, kalligraphierten Rezeptsammlung tauchte immer wieder ein Name auf, nämlich „Geng". So stand zum Beispiel auf dem elften Bambus zu lesen „Rindfleisch-Reis-Geng", worunter ein Schmorgericht aus Rindfleischhappen und klein geschnittenem Gemüse zu verstehen ist. Ein zweites Schmorgericht hieß „Da geng" und enthielt Getreide, Gemüse und neun verschiedene Fleischsorten. Tatsächlich muß „Geng" so etwas wie das Nationalgericht der Han-Zeit gewesen sein.

Wer sich dem Trend der Zeit nicht versperrte, goutierte das Fleisch vom Pferd – mit Ausnahme der Leber – als sei es das zarteste Schweinefilet. Pferdefleisch zu essen, das hatten die Chinesen ihren einstigen Feinden, den Steppennomaden der Xiongnu, abgeguckt.

Die Genre-Malerei von damals spricht Bände über die Genußsucht der Han-Chinesen. Auf seidenen Rollbildern werden üppige Bankettszenen vorgeführt: Der Gastgeber ruht elegant hingestreckt auf einer Couch, während seine Gäste auf bequemen Bodenmatten lagern. Damit auch die Augen und Ohren auf ihre Kosten kommen, tanzen feenhafte Damen anmutig zu Lautenklängen.

Derartige Bankette nahmen ihren Anfang mit einem „Magenöffner", einem warm servierten Wein. Als Ouvertüre folgte eine Schale vom hinlänglich bekannten Schmorgericht „Geng", das wiederum von verschiedenen Cai-Gerichten abgelöst wurde. Höhepunkt des Gelages bildete stets ein Gericht mit Getreide. Nachdem gebratener Reis oder gebratene Nudeln serviert waren, wußte jeder, jetzt konnten nur noch Suppe und Obst folgen.

In jener Zeit gewann die Kochkunst an Vielfalt und Exotik, weil der Han-Kaiser Wudi (er regierte 141 bis 87 v. Chr.) sein gewaltiges Reich hinter der Großen Mauer erstmals in der Geschichte gen Westen öffnete. Er schickte seinen Befehlshaber Zhang Qian sozusagen in die Wüste, genauer, in die Gegend nahe der zentralasiatischen Stadt Ferghana, die 340 Kilometer östlich von Taschkent liegt. Die kaiserliche Expedition fand Gefallen am langen Marsch und stieß bis in den hellenistischen Kulturbereich und nach Parthien vor. Jahre später kehrte sie mit vielen

Chinesische Tuschezeichnung: Teetrinker

fremdartigen Nahrungsmitteln und Gewürzen in die Heimat zurück. Angeblich soll Zhang Qian auch den Traubenwein und die Kunst des Kelterns aus Arabien mitgebracht haben. Kurzum, die Küche der Han-Zeit erhielt ihre entscheidenden Impulse von außen, zum einen durch die Berührung mit dem Westen, zum anderen durch das Eindringen des Buddhismus aus Indien. Zweifellos hatte der Taoismus den Chinesen fleischlose Kost nahegebracht, doch erst jetzt lernten sie vegetarische Speisen indischen Ursprungs kennen.

Auf die Zeit der Öffnung folgte eine Zeit der Orientierung nach innen: Von 581 bis zum Jahr 618 regieren die Kaiser der Sui-Dynastie. Ihr historisches Verdienst ist die erneute Reichseinigung, deren beredtes Zeugnis der längste von Menschenhand geschaffene Flußarm der Welt ist – der im Jahre 589 erbaute, 1700 Kilometer lange Kaiserkanal zwischen Hangzhou und Peking. Mit Dschunken gelangten die exotischen Gemüse und Früchte, ja selbst die berühmten fetten Yangtse-Karpfen aus dem Süden nach Peking. Die Bereicherung der Küche des Nordens sollte fortan nicht nur dem Kaiser zugute kommen.

Die Köche der Sui-Zeit errangen unsterblichen Ruhm, weil sie zwei Gerichte aus Teig kreierten. Gerade in den kühlen Wintermonaten erfreute man sich der dicken, runden Wo-Nudeln, die jeder dünnen Suppe Kraft geben. Die zweite Speise sind die in Südchina und Hongkong ungemein beliebten Dim Sum („Berühr das Herz"), Snacks, die im Bambuskorb gedämpft und zum Tee serviert werden.

Chinesische Grabkeramik aus der
Tang-Dynastie

Sachverständige für guten Geschmack

Nicht nur zwei, sondern 2O und mehr Gerichte der nun
folgenden Tang-Zeit gingen in die großen überlieferten
Kochbücher ein. Diese Fülle erstaunt nicht, denn die Tang-
Dynastie (618 bis 9O7) sollte sich zum Großreich des chinesischen Mittelalters entwickeln. In jenen drei Jahrhun-
derten erlebte neben Dichtkunst, Malerei und Kalligraphie
auch die Kochkunst eine kulturelle Hochblüte. Als größte
Neuerung sorgte der „Wok" für Aufruhr unter den Küchengeräten. Endlich! Mit der Erfindung der Kesselpfanne
erlebte die typisch chinesische Kochtechnik, das kurze
Braten unter Rühren (Seite 37), ihren Durchbruch.
Wer sich über Speisen, Kochen und Köcheln sachkundig
machen wollte, griff inzwischen nicht mehr zu Kochbüchern, sondern zu Gedichten und literarischen Abhand-
lungen, denn die Kochbücher waren mittlerweile zu phar-
makologischen Rezeptsammlungen verkommen. Überhaupt sah es anfangs so aus, als wären die überlieferten
Kochkünste – mit Ausnahme der Zubereitung von Hirse-
und Reisgerichten – abserviert. Niemand verlangte mehr
nach Feuerreis, einer Reissorte, die auf brandgerodeten,
trockenen Feldern angebaut wurde. Alle Welt bevorzugte
plötzlich den langkörnigen Naßfeldreis, der in den jadegrünen Flußtälern des Südens gezogen wurde. Statt sich
mit den vertrauten Gemüsesorten zufrieden zu geben,
interessierten sich die Feinschmecker nur noch für Import-
gemüse und -gewürze, vorrangig für Auberginen, Kohlrabi
und Spinat sowie Muskat, Safran und Dill.
Damit nicht genug! Ein Cai-Gericht, bei dem man den
Knoblauch nicht herausschmeckte, bezeichneten sie
schlichtweg als fade. Und jedes Fleischgericht mußte mit
Pilzen, entweder den gemeinen Wolkenohren oder den
silbernen Wolkenohren, garniert sein. Die Leibspeise der
Fischesser hieß „Blauer Fisch" und war ein in Orangenmari-
nade eingelegter Schwarzkarpfen. Selbst Milchprodukte
fanden in der Tang-Zeit reißenden Absatz, im Süden vor
allem die Milch des Wasserbüffels. Die Ärzte der Ober-
schicht schworen auf Ziegenmilch als besonders wertvolle
Nahrung für die Nieren.
Ziemlich spät, erst im siebten Jahrhundert, erlernten die
Chinesen von den Indern, wie man Rohrzucker herstellt.
Davor hatten sie ihre Speisen und Getränke mit Honig
oder Malzzucker aus Gerste gesüßt. Doch kaum waren
sie hinter das Geheimnis der Zuckerherstellung gekom-
men, da eroberte der neumodische Sandzucker im Hand-
umdrehen die chinesische Küche. „Zuckerkrabben" hieß
fortan ein berühmtes Shanghaier und Kantoner Gericht.
Nun entdeckten die Südchinesen ihre Vorliebe für Kuchen
(Hu bing) und schwärmten von einem indischen Gebäck,
das, nach der hinduistischen Priesterkaste benannt, „Brah-
manenkuchen" hieß. Bis heute ist die Gartenstadt Suzhou,
Chinas Venedig, für ihren grünen Kuchen „Ming Bing" aus
Reismehl und einer Bohnen-Erdnuß-Füllung berühmt.
Unumstößlich bis zum heutigen Tag scheint auch die Sitte
der Tang-Zeit, rohe Tomaten mit einer beachtlichen Prise
Zucker zu essen.
Die Regionalküchen wetteiferten mittlerweile um die
Gunst der Gourmets im ganzen Land. So wollte jede
möglichst viele ihrer typischen Gerichte auf der nationa-

Chinesisches Rollbild aus der Yuan-Dynastie: Kaiser Tomor mit Gefolge

len Speisekarte ganz vorne plaziert wissen. Die Kanton-Küche favorisierte „Getrocknete Austern in Weinsauce", die Gansu-Küche „Hirschzunge", die Hubei-Küche „Getrocknete Höhlennatter" und die Shandong-Küche „Venusmuschel". Diese und weitere lokale Spezialitäten aus allen Provinzen des Riesenreiches machten die Pracht und Vielfalt eines kaiserlichen Bankettes aus, denn für den Himmelssohn und seinen Hofstaat konnten die ausgefallensten Köstlichkeiten gerade gut genug sein. Doch der erlauchte Kaiser kostete nicht nur genüßlich, sondern kontrollierte auch mit Strenge. Damit weder Köche noch Gastronomen ihre Küche übertrieben oder gar unlauter anpriesen, richtete der Thron in den bedeutenden Städten Chang'an, Luoyang und Yangzhou den gutbezahlten Posten des „Sachverständigen für guten Geschmack" ein. Zu seiner Aufgabe gehörte auch, das Reinheitsgebot der Fruchtweine (Jiu) und Schnäpse (Bai jiu) zu überwachen. In dem Maße wie die Regionalküchen eigenständiger und homogener wurden, vergrößerte sich das Nord-Süd-Gefälle. Das fing bereits beim Kochen an: Im Norden standen meist die Männer am Herd, im Süden hingegen die Frauen. Die Nordchinesen entwickelten eine regelrechte Abscheu gegen typisch südliche Gerichte wie Hundefleisch und Froschschenkel. Einige Fleischsorten, von denen die Südchinesen geradezu schwärmten, hielten die Nordchinesen gar für giftig. Leicht konnte es inzwischen vorkommen, daß sich Chinesen wegen der unterschiedlich ausgeprägten Kochstile in die Haare gerieten – vor allem wenn sie sich in einem der neuartigen Weinlokale berauschten, wo hübsche Kurtisanen den jungen, aus Pfirsichen gekelterten Frühlingswein kredenzten.

Rekordernten lassen alle satt werden

Eine gewaltige Bevölkerungsexplosion prägte die Song-Zeit (960 bis 1279). Hatten in den vorangegangenen Dynastien der Sui und Tang rund 53 Millionen Menschen im Reich der Mitte gelebt, so vermehrten sie sich während der Song-Dynastie um stattliche 24 Millionen. Trotz der vielen hungrigen Mäuler, die in jeder Familie dazukamen, und obwohl sich der jährliche Getreideverbrauch auf 1000 Kilogramm pro Kopf steigerte, brauchte keiner zu darben. Die Erklärung für das Wohlergehen finden wir außerhalb des Landes, im ehemaligen Tributstaat Vietnam. Dort, im mittelvietnamesischen Königreich Champa, kultivierten die Bauern schon lange eine rundkörnige Reissorte, die bei Trockenheit widerstandsfähiger war als der langkörnige, schlanke Naßfeldreis. Der sogenannte Champa-Reis gedieh nicht nur in Hanglagen und auf mageren Hochebenen, sondern reifte auch schneller als die Naßfeldkulturen und erlaubte daher zwei Ernten im Jahr.

Nach einer Dürre in der südlichen Küstenprovinz Fujian im Jahre 1027, die aufgrund mangelhafter Transportbedingungen in einer Hungersnot gipfelte, ließ der Renzong-Kaiser (er regierte 1022 bis 1063) den robusten Champa-Reis auch in seinem Reich aussäen. Tatsächlich gelang die Kultivierung, doch der vietnamesische Reis blieb immer ein Reis der armen Leute. Nie erlangte er denselben Status wie der „offizielle" Reis, der so hieß, weil der Staat nur ihn als Naturalsteuer anerkannte. Selbst als Sold für die kaiserlichen Soldaten war er nicht gut genug. So blieb Champa-Reis unter den sieben bis acht Reissorten die gängigste und billigste, kurzum, der Reis für die Kulis, Straßenhändler und armen Bauern.

Für die reichen Schlemmer mußte die niedergehende Song-Dynastie ein hedonistisches Paradies par excellence gewesen sein. Selbst der venezianische Weltreisende Marco Polo, von zu Hause ja durchaus verwöhnt, schwärmte in den höchsten Tönen von der chinesischen Küche und den überquellenden Märkten in den Städten, die er besuchte. Auf einem Markt beeindruckten ihn ganz besonders die weißen Birnen, die „10 Pfund das Stück wogen". Natürlich hatte er sich nicht einen x-beliebigen Markt ausgesucht, sondern den größten des Kaiserreiches, den Obst- und Gemüsemarkt von Hangzhou. Wer durch diese blühende südländische Großstadt streifte, begriff, warum die Hangzhouer von alters her als Chinas „Händler und Verkäufer von Essen und Trank" galten.

Schafherde in der Inneren Mongolei

Ein gewaltiger Getreidemarkt lag außerhalb des Nordtores, ein bunter Gemüse- und Obstmarkt im Zentrum und gleich zwei geschäftige Schweinemärkte befanden sich außerhalb des Südtores. An den meterlangen Tischen der Fleischerstände reihten sich drei bis fünf Männer auf und zerlegten das gekaufte Fleisch so, wie es der Kunde wünschte.

Über die Eßgewohnheiten Ende des 12. Jahrhunderts schrieb der bekannte Chronist Wu Zumu: „Zu den Dingen, ohne die auch die Ärmsten nicht auskommen, gehören Feuerholz, Reis, Öl, Salz, Sojabohnen, Soße, Essig und Tee. Die Bessergestellten hingegen kommen nicht ohne Xia fan (Essen, um den Reis hinabzubekommen) aus." Nicht die Kochmethoden und -techniken unterschieden Arm und Reich, sondern: weniger oder mehr Fan, weniger oder mehr Cai, ergänzt durch weniger oder mehr Fisch oder Fleisch.

In den Restaurants setzte sich langsam, anders als in Japan, der Gebrauch von Tischen und Stühlen durch, außerdem wurde das Geschirr während des Essens öfters gewechselt, und man benutzte sowohl Stäbchen als auch Porzellanlöffel. In den feinen Lokalen mußten die Schalen und Platten aus Silber oder hauchdünnem Porzellan und die Eßstäbchen aus Elfenbein sein. Die besseren Restaurants waren Orte ganz besonderer Art: Ihre Chambres séparées deuten an, daß hier nicht nur Gaumenfreuden befriedigt wurden. Jeder Hungrige wußte, daß die Restaurants mit über 100 Kabinetten und Speisekarten, auf denen bis zu 230 Gerichte standen, auch als Freudenhäuser dienten. Die rund um die Uhr geöffneten,

an ein Motel erinnernden Mammutrestaurants unterhielten Dampfbäder, Massagedienste und einen Bankettservice, der sogar Hochzeits- und Bestattungskleider verlieh. Im Frühling und Herbst luden Mandarine und Kaufleute ihre Klienten, Günstlinge und Freunde zu ausgedehnten und feuchtfröhlichen Gelagen im Freien ein. Auf den Inseln und an den Ufern des sagenumwobenen Westsees von Hangzhou entzündeten allabendlich mehr als 100 Speiselokale und Weinrestaurants schummrige Laternen, um hungrige und liebeshungrige Passanten anzulocken.

Jene sinnesbetonte Epoche, die sich bekanntlich Song-Zeit nannte, lockerte zwar die Sitten, festigte jedoch weiter die regionale Aufteilung der Kochstile. Dabei kam die kantonesische Küche schlecht weg, denn sie wurde aufgrund mangelnder Einheitlichkeit der Küche des Südens zugeordnet. So unterscheiden die Song-Kochbücher nur drei Stilrichtungen, die nördliche, die südliche und die von Sichuan. Die Küche des Nordens charakterisierten sie als mild, wegen der salzig eingelegten Gemüse und der vielen Lammgerichte aber auch als sauer. Die südliche Küche entsprach der Regionalküche des Yangtse-Deltas, wo Schweinefleisch so „billig wie Dreck" war. Ganz im Gegensatz zu heute, dachte bei der Sichuan-Küche niemand an Chili und feurige Schärfe, sondern an Tee und Heilkräuter, denn in der bevölkerungsreichsten Provinz Chinas befand sich damals das zentrale Anbaugebiet für diese Produkte.

Stutenmilch und Hammelfleisch

Der Enkel des Reiterfürsten Dschingis Khan, ebenfalls ein Mongole namens Khubilai Khan, begründete die Yuan-Dynastie, die von 1271 bis zum Jahr 1368 das Reich der Mitte beherrschen sollte. Nicht zuletzt wegen ihrer fremdartigen Eßgewohnheiten bezeichnete man die Besatzer verächtlich als Barbaren. Vergorene Stutenmilch und Hammelfleisch, das unter dem Sattel weichgeritten wurde, galten bei den bärtigen Männern der Steppe als edle Leckerbissen; die Chinesen hingegen widerte es an, zumindest anfangs.

Doch mit der Zeit beruhigten sich die Gemüter, so daß Herrscher und Untertanen sogar einen gewissen Respekt für die Küche des anderen aufzubringen lernten. Die Mongolen schätzten die Vielfalt, Raffinesse und Frische der chinesischen Cai-Gerichte, dafür kokettierten die Chinesen mit dem mongolischen Feuertopf. Außerdem bewunderten sie die Mongolen für ihre Trinkfestigkeit und die Art, wie sie – selbst der Kaiser – bei Tisch mit ihren scharfen Dolchen geschickt das Fleisch zerlegten.

Die kaiserliche Küche der Yuan-Zeit unterschied sich stark von der höfischen Küche der vorausgegangenen und nachfolgenden chinesischen Dynastien. Auf dem Speisezettel des Kaisers stand nun Hammel ganz oben – und zwar täglich. So mußten Tag für Tag fünf kastrierte Schafe ihr Leben lassen, selbst wenn der Himmelssohn über Appetitmangel klagte und nur drei oder vier der saftigen, immer hauchdünn geschnittenen Fleischscheiben auf dem Holzkohlegrill am Tisch briet oder im Feuertopf garte. Die Verschwendung wurde ins Uferlose gesteigert, wenn der Hof zu einem seiner berühmten „Koumiss"-Bankette einlud. Monate vor diesen, meist an traditionellen Festtagen stattfindenden Mammutgelagen besorgte das „Kaiserliche Büro für Koumiss" mehrere Hektoliter bester vergorener und damit alkoholhaltiger Stutenmilch, also Koumiss. Die berauschenden Stutenmilch-Bankette hießen im offiziellen Sprachgebrauch schlicht „einfarbige Bankette" (Jisun), weil die Festgäste nur in Kleidern mit einer Farbe erscheinen durften. Da diese strikte Kleiderregel allerdings nur 24 Stunden galt, die Bankette aber drei oder mehr Tage dauerten, konnten die Gäste schließlich doch „mehrfarbig" auftreten. Zum Leidwesen einiger Gäste endete jeder Bankettag mit einem gewaltigen Besäufnis, da die meisten Yuan-Kaiser Koumiss wie Wasser in sich hineinschütteten. Zurückblickend muß man aber leider feststellen, daß nicht wenige an ihrer ungezügelten Vorliebe für die weinklare, vergorene Stutenmilch zugrunde gegangen sind.

Chinesisches Rollbild: Taoistische Fee aus der Ming-Dynastie

Tausend kulinarische Köstlichkeiten

Ohne jedoch einen großen Einfluß auf die chinesische Küche hinterlassen zu haben, verschwand die Yuan-Dynastie nach knapp 100 Jahren sang- und klanglos in den Weiten der mongolischen Steppe. Mit Beginn eines neuen Mondjahres bestieg ein einfacher Bauernsohn, der – und das sollte sich bald als Vorteil erweisen – aus einem der ärmsten Landstriche stammte, den Thron: Kaiser Zhu Yuanzhang (er regierte 1368 bis 1398) proklamierte am 20. Januar 1368 die Ming-Dynastie. Bis in jene, wiederum chinesische Epoche lassen sich die eigentlichen Ursprünge der heutigen Kochkunst zurückverfolgen.

Die 60 Millionen Chinesen – Kriege und Seuchen hatten viele dahingerafft – lebten gut, denn immer noch konnte jeder durchschnittlich 1000 Kilogramm Getreide (Fan) pro Jahr verzehren. Die fetten Jahre der Song-Zeit schienen wiedergekehrt zu sein, ein ganzes Volk stürzte in einen Taumel der Sinnesfreuden. Keiner der gewichtigen Schlemmer brauchte fortan seine überschüssigen Pfunde mehr hinter einen Holztisch zu zwängen, denn nun durfte er sich wieder, wie seine Vorfahren zur Han-Zeit, auf einem weichen Liegesofa speisend räkeln. Anstand und Sitte lagen jetzt weitgehend in den Händen der Gläubigen, der Taoisten und Buddhisten. Ihre vegetarischen Restaurants, die meist in den Klöstern beherbergt waren, zauberten leckere, aber fleischlose „Tempelspeisen". Wer Lust am Lesen über Kulinarisches empfand, besorgte sich die beiden Bücher des kaiserlichen Hofmedikus und Küchenmeisters Hu Sihui mit den Titeln „Die Prinzipien einer

richtigen Ernährung" und „Tausend kulinarische Köstlichkeiten". Das erste stellt die Heilkraft der Nahrung in den Vordergrund und weist nach, daß gutes Essen gesund und schlechtes krank macht. In diesem Werk greift Hu Sihui als Arzt auf das Buch „Wichtige Methoden der Massenernährung" (Qimin yao sisi) eines gewissen Jia Sisi aus dem Jahre 533 und auf pharmakologisch orientierte Rezeptsammlungen von früher zurück. Rund 250 Jahre später sollte der berühmte Naturforscher Li Shizhen (1518 bis 1593) auf den Fundus des Hofmedikus stoßen und das wohl umfangreichste pharmakologische und lebensmittelkundliche Werk des chinesischen Mittelalters, „Abriß der Arzneimittelkunde" (Ben cao gang mu), verfassen. Hierin sind 1892 Pflanzen, Wurzeln, Schalengehäuse, Blüten und Mineralien im Detail beschrieben und kategorisiert. Das zweite Buch von Küchenmeister Hu Sihui, „Tausend kulinarische Köstlichkeiten", weist der Kochkunst ein für allemal einen festen Platz im Reigen der schönen Künste zu. Ihm ist es letztendlich zu verdanken, daß sie bis heute nicht weniger bewundert wird als Tuschemalerei, Kalligraphie, Musik und Poesie. Hand aufs Herz: Klingen Namen wie „Frühlingsrolle", „Mandarinenfisch", „Reis der acht Köstlichkeiten" und „Dreifach Fisch in Papier" nicht wie Gedichte? Der Kaiser aß gerne und viel, doch ihm fehlte das Feingefühl für Speisen mit poetischen Namen. Wer will das Zhu Yuanzhang verübeln, stammte er doch aus dem Bauernstand und kam aus einer der ärmsten Gegenden Chinas. Dafür verstand er es wie kein zweiter, für eine blühende Landwirtschaft und eine gesunde Volksernährung zu sorgen. Dank seines Engagements konnten erstmals staat-

Feuchtfröhliches Fingerspiel

Kein Trinkspruch kann eine Männerrunde so in Fahrt bringen wie das „Trinken nach Fingerraten". Diese sportliche und lustige Art zu trinken und sich zu betrinken, ist gewiß die beliebteste Trinksitte in China, sie ließ schon so manches gesittete Bankett zu einem wüsten Gesellschaftsspiel ausarten. Und so funktioniert das Raten: Ein Spieler muß gleichzeitig mit seinen Gegenspielern beliebig viele Finger einer Hand spreizen und dabei laut die Anzahl der von den anderen in der Runde zusammen ausgestreckten Finger erraten. Dabei ruft er nicht schlichtweg die Anzahl der Finger aus, sondern benutzt dichterische Umschreibungen wie „7 Sterne" – eine Anlehnung an das Sternbild des Großen Bären.

Die Vorschrift, daß die Finger gleichzeitig auszustrecken sind, drängt die gerufenen Worte in ein strenges Taktmaß und erzeugt einen melodischen Singsang, der so lange im selben Rhythmus anhält, bis einer der Spieler die richtige Anzahl der ausgestreckten Finger erraten hat. Nun müssen seine Mitspieler auf einen Zug austrinken und ihr „trockenes Glas" zur Tischmitte hin vorstrecken

Chinesisches Rollbild: Drei Männer beim Picknick, 1467

美味野餐

liche Dschunken mit primitiven Kühlräumen leichtverderbliche Lebensmittel auf dem Kaiserkanal zwischen Peking und Hangzhou befördern.

Noch herrschte die Ming-Dynastie, als die chinesische Küche einen zweiten – den letzten lebenswichtigen – Impuls durch den Seehandel mit dem Westen bekam. Aus dem „Blühenden Land", Amerika, erhielten die Chinesen den Mais und den Tabak sowie die Erdnuß und die Süßkartoffel, die sich eines Tages als wahres Wundermittel erweisen sollte.

Bevölkerungsexplosion und Hungersnöte

Die letzten Jahre der Ming-Dynastie gingen als magere Jahre, als Jahre des Hungers, in die Geschichte ein. Dieser erbärmliche Zustand dauerte noch an, als die letzten Kaiser der chinesischen Geschichte, die mandschurischen Qing (1644 bis 1911), den Drachenthron bestiegen. Längst verfügten die Mächtigen über ein Wundermittel gegen den Hunger – eben jene Knolle aus der Neuen Welt –, doch Jahre sollte es noch dauern, bis die Süßkartoffel im wasserarmen Norden Verbreitung fand.

Eine Hungersnot während der Regentschaft des Jiaqing-Kaisers (er regierte 1796 bis 1820) bot Stoff für eine fiktive Erzählung von Guan Dong. Unter dem Titel „Land des Hungers" beschrieb er ein Land, in dem Getreide, Tiere und Gemüse gänzlich fehlten. Wer dieses tote Land durchqueren wollte, brauchte zehn Tage zu Fuß.

Eines Tages fand dann alle Qual ein Ende: Die erste gewaltige Kartoffelernte machte Millionen hungriger Menschen satt. Dank der Süßkartoffel, der Erdnuß und dem Mais, so der Historiker Ho Bingdi, wuchs die Bevölkerung bis zum Jahre 1840 auf stattliche 412,81 Millionen an. Die große, süßlich schmeckende Frucht war zum „täglichen Brot" der Kulis und armen Pachtbauern Nordchinas geworden. Wer einen extra Heller besaß, leistete sich zur Kartoffel weißen Tofu, grüne Bohnen oder gesalzene Zwiebeln. An Fleisch oder Fisch wagte man nur an den höchsten Festtagen zu denken.

Die gewaltige Bevölkerungsexplosion, die dem einzelnen einen Getreideverbrauch von nur noch 300 Kilogramm im Jahr (1840) erlaubte, hatte im herrschenden Feudalstaat auch in der Ernährung einen tiefen Graben zwischen Arm und Reich gerissen. Während der niedergehenden Qing-Zeit spitzte sich der krasse Gegensatz zwischen imperialer Prunksucht und bäuerlicher Armut immer stärker zu: Je mehr sich das Staatssäckel leerte, desto bombastischer nahmen sich die Feste aus. So mußte ein offizielles Essen mindestens 16 Gänge mit acht Fleischgerichten und vier Desserts umfassen, damit es den Namen „Bankett" verdiente.

Gleich einem Chirurgen legte ein gewisser Yuan Mei im Jahre 1792 das Innenleben der chinesischen Küche frei, indem er in seinem Werk „Sui Yuan Menüs" (Sui yuan shitan) 14 Aspekte gesunder Ernährung sowie 326 berühmte Rezepte der großen Regionalküchen beschrieb. Richtungsweisend formulierte er: „Die Qualität einer Speise hängt zu 60 Prozent vom Koch und zu 40 Prozent von den Zutaten ab." Er verstand sich auf klare und

Opiumraucher

präzise Anweisungen, zum Beispiel diese: „Fleisch mit intensivem Eigengeschmack wie Aal, Schildkröte, Krabben und Hammel darf man nicht würzen, sondern muß es für sich wirken lassen." Kochen schlechthin bedeutete für Yuan Mei eine so anspruchsvolle Tätigkeit, daß er ernsthaft meinte, einem guten Küchenmeister könnten nicht mehr als vier Gerichte am Tag gelingen, wohlgemerkt auch nicht mit einem oder mehreren Gehilfen. Doch nicht nur das Schöne und Erhabene prägten die Kochkunst des 19. Jahrhunderts, sondern auch das Häßliche und Banale. Feine Restaurants, gepflegte Weinlokale und ruhige Teestuben verwandelten sich in Lasterhöhlen, wo auf Diwanen nicht nur Speisen, Schnäpse und Weine angeboten wurden, sondern auch Opium. Das Verlangen nach dem Saft des Schlafmohns grassierte bald wie eine Seuche. Bereits nach wenigen Jahren schien ein ganzes Volk – vom Kaiser bis zum Kuli – sklavisch an der Opiumpfeife zu hängen.

Die Sucht ruinierte die Nation und trieb Millionen in den Hunger. Täglich belagerte ein Heer zerlumpter Bettler die Restaurants, um sich die gekochten Überreste zu ergattern. Diese wurden „Zacui" genannt, die englischen Kolonialherren machten daraus „Chop suey" – ein einfaches Gericht aus gebratenem Reis mit Nudeln, Gemüse und einigen spärlichen Streifen von süß-saurem Schweinefleisch. Heute wollen über eine Milliarde Menschen ernährt sein – eine fürwahr gigantische Herausforderung, die die chinesische Landwirtschaft aus eigener Kraft nicht meistern kann. So müssen rund 15 Millionen Tonnen Getreide jährlich importiert werden.

Erinnern wir uns: Bescheiden, eben mit Hirse und Gemüse, fing alles an. Nach beharrlichem Kosten, Abschmecken, Sammeln, mündlichem und schriftlichem Überliefern, immerhin 6000 Jahre lang, tut sich heute eine grandiose Küche auf, in der einfache und opulente Speisen zu einer kunstvollen Harmonie verschmelzen – um das Auge zu begeistern und den Gaumen zu entzücken. Konfuzius lehrt, daß Sitte und Anstand beim Essen und Trinken beginnen. Und Laotse sagt: „Die beiden kleinsten Organe im Menschen sind es, die dessen Wert ausmachen: das Herz und die Zunge."

Am Anfang war das Eine

Vom richtigen Speisen

Klebrige Kuchen bringen Glück, Äpfel den Frieden

Jedem der großen Feste – Einschnitte im Zyklus eines Mondjahres – sind von alters her besondere, zeremonielle Speisen zugeordnet. Im Zyklus eines Mondjahres? Nun, neben unserer, der solaren Zeitrechnung besitzen die Chinesen noch einen altertümlichen Kalender, der sich nicht am Sonnenumlauf, sondern am Wechsel der Mondphasen und dem natürlichen Ablauf der vier Jahreszeiten orientiert und nur 354 Tage kennt. Aus diesem Grund muß auch von Zeit zu Zeit ein Schaltjahr mit 384 Tagen eingefügt werden. Kurzum, die exakte Datierung der traditionellen Feste erfolgt jährlich neu, während der zeremonielle Speisezettel stets der alte bleibt

Frühlingsfest

Egal ob „Jahr des Schweins" oder „Jahr der Ratte" – immer fängt das neue Mondjahr mit dem Frühlingsfest (Chunjie) an. Nach der solaren Kalenderrechnung findet das chinesische Neujahrsfest an drei Tagen zwischen dem 22. Januar und dem 19. Februar

Richtig speisen – das bedeutet mehr, als nur gesund oder ausgiebig zu essen, denn es umfaßt auch, dem symbolischen Gehalt der Nahrungsmittel und Zubereitungsmethoden gerecht zu werden.

Das Essen ist symbolisch eng mit der chinesischen Schöpfungsgeschichte verknüpft, derzufolge das „Große Eine" den Anfang von allem bildet. Jenes Eine, Taiji genannt, wird als Kreis dargestellt, in dem sich eine schwarze und eine weiße Hälfte – Yin und Yang – in Form eines S umschlingen. Aus dieser Vereinigung gehen nach traditioneller Auffassung die fünf Urelemente hervor: Holz, Feuer, Metall, Wasser und Erde. Und aus diesen wiederum die „Zehntausend Dinge", worunter man die Unsterblichkeit versteht, die von einem Hakenkreuz oder einem mäandrischen Wasserlauf symbolisiert wird.

Sowohl Yin und Yang als auch Wasser und Feuer stehen in direktem Bezug zur Nahrung: Yang symbolisiert das Trinken, Yin das Essen. Und trotzdem verkörpert das elementarste aller Getränke, das Wasser, die weibliche Urkraft, Yin, während das Element Feuer für die männliche Urkraft, Yang, steht („Wasser befeuchtet und strebt nach unten, Feuer lodert und strebt nach oben").

Es wäre falsch, nun alle Getränke Yang und alle Speisen Yin zuzuordnen. Vielmehr gelten Getränke, die aus Getreide, dem Erdsymbol, gewonnen werden, als Yin. Bei den Speisen zählen alle Fleischgerichte als Yang, da sie meist mit Hilfe des Feuers zubereitet werden.

Yin und Yang prägten auch ausgefeilte Bankettvorschriften. So galt es, einen Fisch immer so zu servieren, daß der Schwanz zum Gast hin zeigte. Mehr noch, im Sommer mußte der Rücken nach rechts gewendet sein, denn der Sommer, die linke und die Bauchseite symbolisieren Yang. In der kalten Jahreszeit wird die Regel durchbrochen, nun muß der Rücken nach links zeigen, da rechts – das klassische Schriftzeichen für rechts bedeutet „Hand und Mund" – zu essen begonnen wird.

Die vier Jahreszeiten übten schon immer einen großen Einfluß auf die Eßgewohnheiten aus. So ernährten sich die Chinesen im Frühjahr traditionell von Weizen, Hammel und einer Essigsauce, denn der ranzige Geschmack des Hammelfleisches und die saure, „aufschließende" Sauce symbolisieren das Frühjahr. Im Herbst aßen sie mit Vorliebe Fasane und Sperlinge, denn mit dem Wintereinbruch, so die Sage, verschwinden diese Tiere im Wasser und verwandeln sich dort zur Seemuschel Chen. Da der Fasan den Mut und die Sonne symbolisiert, glaubten die Menschen, daß durch den Verzehr dessen edle Eigenschaften auch auf sie übergingen.

statt und ist durchaus mit unserem Weihnachtsfest zu vergleichen: die Familie feiert zu Hause und beschenkt sich. Und zu essen gibt es reichlich und vom Feinsten. Doch die zeremonielle Festspeise, Jiaozi genannt, ist eher bescheiden – Teigtaschen, gefüllt mit Hackfleisch vom Schwein, Krabben, Kohl und frischem Ingwer (Seite 152). Erst nach dem obligatorischen Jiaozi-Mahl am Vorabend des neuen Jahres kann das Frühlingsfest beginnen. Der Jiaozi-Teig aus Weizenmehl gibt Aufschluß über die Heimat des deftigen, bäuerlichen Gerichtes: es kommt aus Nordchina.

Die Südchinesen essen zum Fest gerne süß-saure Fleischgerichte mit einem besonders klebrigen Reis und besonders klebrige Neujahrskuchen. Nicht weil sie pappige Gaumenfreuden über alles lieben, sondern weil „nian nian gao" nur gesprochen „Klebriger Kuchen", geschrieben hingegen „Von Jahr zu Jahr wird es besser" heißt – allein aufgrund dieser symbolträchtigen Bedeutung verlangen sie zu Jahresbeginn nach Klebreis

Chinesisches Rollbild: Alter Gelehrter mit Korb, 17./18. Jh.

Zum Geburtstag und am Frühlingsfest, dem chinesischen Neujahr, kommen in traditionsbewußten Haushalten lange Reisnudeln oder frischer Spinat auf den Tisch, denn sie symbolisieren langes Leben. An Neujahr werden stets Orangen serviert, nicht wegen der Vitamine, sondern weil das Wort Orange genauso wie jü („um Glück beten") ausgesprochen und somit als glücksbringend angesehen wird. Auch Äpfel sind an diesen Festtagen ein gern gesehenes Geschenk, denn Ping bedeutet nicht nur Apfel, sondern auch Frieden. Und der populären Wan-Tan-Suppe (Seite 162) wird eine geradezu tiefschürfende Bedeutung nachgesagt: Ihr Name und die klare Brühe symbolisieren das ursprüngliche Chaos im Kosmos, die darin schwimmenden Fleischklößchen hingegen das erste Leben. Suppen, Obst, Fleisch, Teigwaren und Gemüse – kurzum, die gesamte Nahrung und Ernährung prägten die chinesische Mythologie, und zwar grundlegend.

Nach der Legende verfügten die Bauern, weil sie sich nach dem Sittenkodex nur von Körnern und Früchten ernähren durften, über keine Seele und somit über keine magische Kraft, konnten also nach dem Tod im Gegensatz zu Fürsten und Königen keine Gottheiten werden. Die Sage fährt fort, daß ein Fürst im Antlitz des Todes viele „in Öl schwimmende Bratfische" essen und mit Pfeffer gewürzten Wein trinken müsse, damit seine Seele besonders kraftvoll werden und vom Körper eines Ebers oder Bären, dem klassischen Jagdtier der Vornehmen, Besitz ergreifen könne. Entsprechend soll der Ordner des Wassers, der legendäre göttliche Kaiser Yü, nach seinem Tod den Menschen in Bärengestalt erschienen sein.

Eine andere Gottheit ist Chengdi, der mächtige Natur- und Fruchtbarkeitsgott, der in der Provinz Fujian verehrt wird. Da er zu Lebzeiten nie Schweinefleisch gegessen haben soll, opferte man ihm aus Rücksicht auf seine Eßgewohnheiten nach dem Tode pietätvoll Hundefleisch. Auch der Fisch, genauer der Fisch Ao, hat seinen Platz im Reich der Mythen. Dieses Tier soll wie ein Drachen aussehen und mit Vorliebe Feuer fressen. So wurde früher sein Ebenbild als Feuerschutz auf Dachfirsten und Regentraufen angebracht. Ganz allgemein symbolisiert der Fisch, dank seiner vielen Eier, den Wunsch der Bauern nach einer fruchtbaren Ernte.

Zum richtigen Speisen gehörte darüber hinaus auch ein Verständnis der Schönheit von Mensch und Natur. Aus diesem Grund erinnern die klassischen Attribute weiblicher Schönheit an Bilder aus der Tier- und Pflanzenwelt. Um als schön zu gelten, mußten das Antlitz eiförmig und die Wangen so frisch wie Litschis sein. Eine Nase galt als wohlgeformt, wenn sie einer Zwiebel glich. Strahlte sie außerdem noch wie eine Seife aus reinem, weißem Gänseschmalz, dann durfte man sie als ideal bezeichnen. Ein schöner Nacken mußte sich mit einem schlanken Wurm vergleichen lassen, ein wohlgeformter Mund sollte einer blutroten Kirsche gleichen und makellose Zähne den Kernen von Kürbissen oder Granatäpfeln. Schöne Ohrmuscheln wurden an Wolkenohrpilzen und schlanke Finger an jungen Bambussprossen gemessen. Ach ja, als schlank galt natürlich nur eine Wespentaille.

Kaltes Yin und heißes Yang

Ernährung und Medizin

Vom Feuer und der Feuerperle

Huo nennen Chinesen das Feuer und sprechen es aus wie huo – lebendig: Feuer und Leben sind für sie also eins. Wenn die Chinesen in der Antike große Scheiterhaufen anzündeten, dann taten sie dies zu Ehren des Feuergottes Huilu und beseelt vom Wunsch nach einem langen und guten Leben. Ehrfurchtsvoll opferten sie dem Feuergott – ohne jedoch ihre Pietät gegenüber Yuanming, dem Wassergott, zu vernachlässigen, denn nach chinesischem Verständnis verschmelzen Feuer und Wasser zu einer Einheit der Gegensätze.

Das Feuer und das Wasser machen zusammen mit der Erde, dem Holz und dem Metall die „Fünf Elemente" aus, worüber in den alten Büchern geschrieben steht: „In der Natur des Wassers liegt es, zu befeuchten und nach unten zu fließen; in der des Feuers, zu lodern und nach oben zu schlagen; im Wesen des Holzes, gebogen und geradegerichtet zu werden; in der Natur des Metalls, gehorsam zu sein und geformt zu werden; in der der Erde, bestellt und abgeerntet zu werden."

Die fünf Elemente verkörpern das allumfassende kosmische Leben bis hin zur Ernährung des Menschen. So unterschei-

„Nahrhaftes Essen hilft gegen alle Leiden" oder „Wer sich richtig ernährt, bleibt gesund und braucht keinen Arzt". Der chinesischen Lebensauffassung zufolge ergänzen sich Ernährung und Heilkunde entsprechend Yin und Yang zu einer harmonischen Einheit. So verkündet eine alte Lehre, daß man sich ernähren soll, als nähme man Kräutermedizin ein- und umgekehrt, daß man diese einnehmen soll, als sei sie eine Speise.

Das ist leichter gesagt als getan, denn zum Ziel einer richtigen Ernährung gehört es, im Körper eine Balance zwischen „innerer Hitze" und „innerer Kälte" herzustellen. Um das Spiel beider Kräfte zu verstehen, müßte sich eigentlich jeder Koch in der Physiologie, Botanik und Homöopathie auskennen. Doch das wäre wohl zuviel verlangt. Sein Wissen ist daher praktisches Erfahrungswissen, das ihm sein Lehrmeister (Lao shi) mündlich in einer überaus gründlichen Ausbildung vermittelt. Diesem empirischen Wissen liegen Prinzipien einer jahrtausendealten Ernährungslehre zugrunde, die sich am Yin, dem Prinzip der Weiblichkeit und Kälte, und am Yang, dem Prinzip der Männlichkeit und Hitze, orientieren.

Entsprechend diesen beiden Prinzipien unterteilt ein Koch die Gerichte in kühlende und wärmende Speisen. Als Nahrung, die innere Hitze erzeugt, gelten ölhaltige und fette Gerichte mit Schwein, Ente und Nüssen aller Art. Auch Hundefleisch, eine Spezialität der kantonesischen Küche, und der mongolische Feuertopf erzeugen innere Hitze und sollten deshalb im Sommer gemieden werden. Zu den kühlenden Speisen zählen Kürbisse, Wasserkastanien und die verschiedenen Melonen. „Brennt" der Körper, enthält er also zuviel innere Hitze, dann macht sich dies durch Entzündung, Pickel, Nasenbluten und Bluthochdruck bemerkbar. Deshalb wird ein erfahrener Koch bei Halsentzündung eine fleischlose Kürbissuppe verordnen. Leidet hingegen jemand an Magenschmerzen, Husten, Schnupfen, Blähungen oder Kopfschmerzen, dann wird den Speisen viel Ingwer beigemischt.

Da Männer wie Frauen in ihrem Leben verschiedene Zyklen durchlaufen, muß auch die Ernährung auf diese abgestimmt sein. Der männliche Zyklus vollzieht sich im Rhythmus der Acht: Knaben zahnen mit acht Monaten, mit acht Jahren verlieren sie ihre Milchzähne, mit acht plus acht werden sie geschlechtsreif und im Alter von acht mal acht verlieren die Männer nach der traditionellen Auffassung ihre Zeugungskraft. Mädchen zahnen mit sieben Monaten, und mit sieben Jahren sind die zweiten Zähne zu erwarten. Ins gebär- und heiratsfähige Alter kommen Frauen mit sieben plus sieben, unfruchtbar werden sie mit sieben mal sieben. Jede gesunde Ernährung muß sich an diesen Zyklen orientieren, denn in ihrem Rhythmus verändern sich Körper und Geist. So erhalten alte Männer keine fetten Speisen.

den die Chinesen auch bei den Speisen folgende fünf Geschmacksrichtungen: salzig, sauer, scharf, süß und bitter. Dem magischen Element Feuer wird neben bitter die Himmelsrichtung Süden, die Farbe Rot, der Geruch verbrannt, das Haustier Huhn und die Tierart Gefiedertes zugeordnet.

Nun kommt dem Feuer aber nicht nur symbolische, sondern auch praktische Bedeutung zu, denn China leidet seit über 1 000 Jahren an akutem Brennstoffmangel. Daß Holz und Kohle als weitaus wertvoller als die Zeit der Menschen empfunden wurden, belegen Maßangaben in älteren Kochbüchern: hier ist anstelle der Garzeit die Brennholzmenge „ein Bündel lang" angegeben.

Auf den Mangel an Holz und Kohle ist es auch zurückzuführen, daß die chinesische Küche von alters her klein geschnittenes Fleisch und Gemüse zubereitet, um beim Garen Energie zu sparen. Sowohl durch die Fügung in ihr Schicksal als auch durch Flucht in die Vision versuchten die Chinesen einst mit den widrigen Umständen fertig zu werden: sie erträumten sich eine Feuerperle. So taucht in alten Sagen das Feuer als wundersame Perle auf, die je nach Bedarf aus eigener Kraft erglühen und Hitze spenden kann

Eine Frau soll sich zum Beispiel während der Menstruation an eiweißhaltigen Schalentieren gütlich tun. Sehr streng sind auch die Regeln während der Schwangerschaft und nach der Geburt. So empfiehlt eine alte Volksweisheit: „Eine Schwangere ist wie ein Feuerball: Sie muß erhitzende Speisen meiden. Eine Wöchnerin hingegen ist wie eine Eisschale: Sie muß sich vor ‚kalten‘ Speisen hüten." Zur Stärkung wird ihr allen Ernstes empfohlen, 20 bis 30 rohe Eier oder das klassische Wöchnerinnengericht „In schwarzem Reisessig gegarte Schweinefüße" (auch „Vom Himmel geschenkte erlauchte Nachkommenschaft" genannt) zu verspeisen.

Daß das Wissen um die Heilkraft von Gemüsen und Gewürzen, von Fleisch und Fisch nicht nur unter den Ärzten der traditionellen chinesischen Medizin, sondern auch im Volk allgemeine Verbreitung gefunden hat, ist den Taoisten zu verdanken. Als Nachfolger der ersten Mediziner, der schamanistischen „Geistheiler", entwickelten sie in den Jahren 600 bis 300 v. Chr. eine Präventivmedizin, die in vielem den Prinzipien des modernen, aus Amerika stammenden „Health Food" gleicht.

Verkäufer für Grundprodukte der traditionellen Medizin in Chengdu

Elefantenrüssel und Affengebisse sind Basisingredienzen der traditionellen Medizin

Ein optimales Zusammenwirken von Krankheitsprophylaxe, Ernährung und medizinischer Behandlung begegnet uns bei der Verwendung von Ginseng. Bereits vor 2000 Jahren entdeckte der Pharmakologe Bian Que die Heilwirkung dieser raren Speisezutat, die man bald Arzneigewürz nennen sollte. Die rübenartige Wurzel reguliert nämlich den Blutdruck, stärkt das Immunsystem, bekämpft Arteriosklerose und degenerative Erkrankungen und steigert die Potenz des Mannes. Chroniken belegen, daß die berühmteste Ginsengsorte Chinas, jene vom Xinkai-Fluß in der heutigen Provinz Jilin, bereits im Jahre 739 über das angrenzende koreanische Silla-Reich nach Japan gelangte. Jahr für Jahr werden heute auf Staatsfarmen 100 Tonnen Ginsengwurzeln geerntet und zu Ginsengbonbons, Ginsengschnaps, Ginsengtonikum und Ginsengcola verarbeitet. Lautstark, ja reißerisch wird die gesundheitsfördernde Wirkung der Wurzel angepriesen. Verschwiegen wird hingegen, daß nur die wildwachsenden Exemplare, von denen größere bis zu 10 000 Mark kosten, qualitativ wesentlich besser sind.

Dank seiner großen Heilkraft ging der Ginseng sogar in den Sagenschatz der Chinesen ein: Es grassierte einmal eine schlimme Seuche, die in Nordchinas Dörfern bereits viele Bauern dahingerafft hatte. In ihrer Not erinnerten sich die Menschen an eine Heilwurzel, die ihnen vielleicht noch helfen könne. So schickten sie in ihrer Verzweiflung eine junge, kräftige und im Schwertkampf erprobte Frau namens Xin nach der Wurzel aus. Xin durchstreifte erfolglos die Berge des Nordostens bis sie eines Tages auf eine Höhle stieß, vor der eine gewaltige Giftschlange im Gras Wache hielt. Es kam zu einem erbitterten Kampf, der drei Tage und Nächte dauerte. Schließlich siegte die Schwertkämpferin und enthauptete die Hüterin des Schatzes. Gerade als Xin niederknien wollte, um in der Höhle nach Ginseng zu graben, tat sich die Erde auf und ein Quell sprang hervor – der Xinhai-Fluß war geboren. Wie von magischer Hand gelenkt, bahnte er sich einen Weg geradewegs ins Seuchengebiet. Als die erkrankten Dorfbewohner das „Ginsengwasser" tranken, gesundeten sie.

König des Getreides und gelbes Juwel

Reis und Tofu

Ein Toter, der Reis verspeist, kann ins Leben zurückkehren. So zumindest will es die Legende: In der südlichen Küstenprovinz stürzte einmal ein Holzfäller in eine tiefe Schlucht und brach sich das Genick. Doch seine Seele, die dem zertrümmerten Körper entwich, überlebte. Da sie die Fähigkeit zu fliegen besaß, konnte sie aus der tiefen Schlucht entkommen. Sie gelangte eines Tages unter Menschen, wo sie Klebreiskugeln, welche sie für eine magische Nahrung hielt, verspeiste – und siehe da, der tödlich verunglückte Holzfäller kehrte ins Leben zurück. Dem Reis wird seit Menschengedenken eine übersinnliche Kraft nachgesagt, denn er ist nach Ansicht der Chinesen ein Geschenk der Ratte. Der Ratte? Nun, nach der chinesischen Mythologie ist die Ratte alles andere als ein niederes, ekelerregendes Tier, sie gilt vielmehr als unsterbliche Gottheit, da sie, so glaubt man, immer am Monatsletzten ihre Eingeweide ausspuckt und durch diese Katharsis neu geboren wird. Die Chinesen verehrten das Tier daher einst als Erdgott und opferten ihm am Ende jedes Mondjahres.

In den Sagen der Ethnie Li Su, die in der südlichen Grenzprovinz Yunnan lebt, ist der Reisspender nicht die Ratte, sondern der Hund. Um den Menschen Reis zu bringen, mußte er überflutete Felder durchqueren und verlor dabei nahezu alle Reiskörner. Da die Körner nun im Wasser lagen, begannen sie zu keimen.

Zweifellos Geschichten aus längst versunkenen Zeiten – doch sie leben fort in einem Reiskult, der bis in unsere Tage andauert. So werden den Ahnen regelmäßig Reisopfer dargebracht, entweder auf dem Grab oder in der Ahnenhalle. Zu diesem Zweck türmt man den Reis in Schalen kegelförmig auf – aber auch nur zu diesem Zweck! Wer nämlich beim täglichen Essen zuviel Reis in seine Schale schöpft – und so den Eindruck eines Speiseopfers erweckt –, kann mit der Seele eines Verstorbenen in Konflikt geraten. Die traditionell strengen Tischsitten verlangen, daß Reis immer aufgegessen wird, denn wer Reste in der Schale zurückläßt, läuft Gefahr, an Pocken zu erkranken oder vom Donnergott erschlagen zu werden. Nach der Überlieferung ist ein Mensch erst dann tot, wenn seine Seele nicht wieder in die vertrauten Kleider zurückkehrt und der Körper, wirft man die vertrauten Kleider über ihn, nicht wieder zum Leben erwacht. War der Tod also eingekehrt, verschloß man früher schnell alle Körperöffnungen mit einem Gemisch aus Reis und Jade oder Kaurimuscheln, um das Eindringen eines Dämons zu verhindern. Während der nachfolgenden siebenwöchigen Trauerzeit mußten die Söhne des Verstorbenen fleischlos und überaus bescheiden leben: sie durften nur Reis, dargeboten als Geschenk, essen.

Wie Einkerbungen auf Orakelknochen (Jochbeine von Büffeln und Schildkrötenpanzer) belegen, kultivierten die

Reisterrassen

Bauern Südchinas bereits 4 000 Jahre v. Chr. Reis auf Naßfeldern. Der Anbau in der Antike konzentrierte sich am Unterlauf des Yangtse – dort, wo sich heute die Provinzen Hubei und Hunan erstrecken. Hier wird seit Jahrtausenden nach der gleichen Methode gearbeitet.

In der kalten Jahreszeit säen die Bauern die Reissamen aus, einige Monate später werden die kleinen Pflänzchen pikiert und großflächig in eingedeichte, vom Frühlingsregen gefüllte Felder umgepflanzt. Gleichzeitig setzen die Bauern junge Fische, Frösche und Aale aus, die die Naßfelder bis zum Austrocknen sauberhalten und danach als Fleischbeilage für Gemüse (Cai) und Reis (Mifan) im Kochtopf landen.

Reis ist nicht gleich Reis – es gab und gibt eine Fülle von Sorten. Da kennt man den geschälten, polierten und daher schneeweißen Langkornreis, der auch „offizieller Reis" genannt wurde, weil der Kaiserhof nur diesen als Tribut akzeptierte. Von der edlen Naturalsteuer ernährten sich nicht nur der Himmelssohn, sondern auch die Soldaten und höfischen Beamten. Im Jahre 1446 lag der Monatssold bei zwei Scheffel Reis für einen einfachen Soldaten und bei 80 bis 100 Scheffel für einen höheren Palastbeamten. Obwohl er nicht so teuer wie der schwarze Reis (Wildreis) war, lag sein Preis doch über dem von Klebreis, der damals wie heute in China, ja in ganz Asien, die gängigste Sorte darstellt.

Klebreis (Chan mi), auch als Duftreis im Handel, wird für Kuchen, Puddings, zum Füllen von Pasteten und Geflügel, aber auch für viele vegetarische Speisen benutzt.

Gilt der Reis als König des Getreides, so gilt das bekannteste Produkt der Sojabohne – der Tofu – als das „Gelbe Juwel" der chinesischen Küche. Um den weißen und wässerigen Bohnenquark oder -käse zu gewinnen, muß jedoch ein hoher Aufwand betrieben werden: Zuerst müssen die gelben Sojabohnen eingeweicht werden. Danach werden sie püriert, mit Wasser gekocht, die Sojamilch abgesiebt und in Tonkrüge geschöpft. Man gibt ein Gerinnungsmittel hinzu und läßt die Sojamilch ausflocken. Bevor sie sich verfestigt, gießt man sie in Behälter aus Bambus oder Holz, die mit einem engmaschigen „Käsetuch" ausgeschlagen sind. So kann die Molke ablaufen. Zuletzt wird das Ganze gepreßt und dadurch schnittfest. Obwohl der Bohnenkäse eine chinesische Erfindung ist, hat sich das japanische Wort Tofu anstelle des chinesischen Dou fu eingebürgert. Vor 3 000 Jahren gelang es Bauern in Nordchina, die schwarzbraunen Samen des wilden, am Boden kriechenden Sojabohnenstrauches zu kultivieren: Die Staude wuchs nun gen Himmel und zeichnete sich durch große und nahrhafte Samen aus.

Heute wissen wir, daß die Pflanze über großartige Eigenschaften verfügt. Erstens liefert sie Eiweiß der höchsten Qualität, zweitens wächst sie in Symbiose mit einer spezifischen Knöllchenbakterienart, die dem Boden wertvollen Stickstoff zuführt – was lebensnotwendig für Äcker ist, die seit Jahrtausenden intensiv kultiviert werden – und drittens enthält sie in großer Menge B-Vitamine und ergänzt so optimal den weißen Reis. Zudem ist sie fettreich und liefert ein vorzügliches, hochwertiges Öl. Trotz dieser Vorteile standen Europas Köche und Feinschmecker der von dem schwedischen Biologen Carolus Linnaeus 1737 ein-

gefährten *Glycine max* als „botanischer Kuriosität" skeptisch gegenüber und auch heute noch begegnet das Abendland der „anderen" Bohne mit Mißtrauen.

Chinas Meisterköche erfanden viele Kniffe, um aus dem „Gelben Juwel" Kleinodien zu zaubern, die als Grundlage unzähliger Gerichte dienen: geröstete Sojanüsse, Sojamilch, Sojasoße, Sojapaste, Sojabohnenmehl und zahlreiche Gewürze. Außerdem gelang es ihnen, den geschmacksneutralen Tofu durch Marinieren, Frittieren, Lufttrocknen, Räuchern und Fermentieren zu einer wahren Delikatesse zu machen.

Tofu ist in China in aller Munde. Eben nicht nur als Speise, sondern auch als Bonmot. Wenn Frau Li hinter vorgehaltener Hand über den Mann ihrer Nachbarin tuschelt: „Er ißt ihren Tofu", dann will sie sagen, daß Herr Lu seine Frau von oben herab behandelt. Scherzen zwei Bauern beim Schnaps über die Heirat ihrer Kinder, dann kann es schon vorkommen, daß einer seine Tochter als Bohnenkäseschönheit, Tofu xishi, bezeichnet, woraufhin der andere ein langes Gesicht zieht. Nein, nicht daß sie bleich oder aufgeschwemmt wäre, viel schlimmer: es ist keine große Mitgift zu erwarten.

Tofu

Anregend
und berauschend
Getränke

Tee regt an, ohne gleich zu reizen – er läßt vielmehr den Genießer erkennen, daß in allem Ordnung ist. In Japan und China trug das Teetrinken einst meditative Züge: Es galt, den „Weg des Tees" zu beschreiten. Die Japaner folgen noch heute jenem Weg, den sie Chado nennen. Im Gegensatz zu ihren Nachbarn im Osten vernachlässigen die Chinesen immer stärker diese Kultur und den Tee, der in der ersten chinesischen Monographie über den Tee „Cha Jing" von Lu Yu (733 bis 804), als ein Getränk beschrieben wird, in „dessen Geschmack ein zarter Zauber mitschwingt".

Es begann vor knapp 1700 Jahren als die Chinesen den ersten grünen Tee importierten. Über Tibet und die Seidenstraße beförderten im dritten Jahrhundert buddhistische Mönche, die vermutlich aus dem nordostindischen Assam stammten, heilige Schriften und Teeballen ins Reich der Mitte. Offenkundig eroberten ihre Teeladungen die Herzen der Chinesen nachhaltiger als die Schriften des Siddharta Gautama.

Gewannen die Chinesen anfangs Tee nur aus den luftgetrockneten, grünen Blättern des Teestrauches, so entwickelten sie schon bald eine Technik, halbfermentierten, zu Ziegeln gepreßten oder mit allerlei Gewürzen vermischten Tee herzustellen. Als die geborenen Erfinder experimentierten sie gründlich im Hinblick auf Konsistenz und Zubereitung. Sie wollten den „wiederkehrenden

Geschmack", den man bald nach dem ersten Schluck schmeckt, möglichst lange auf der Zunge erhalten. Unterdessen philosophierten die Literaten über den erhabenen Genuß, verglichen das Getränk mit einem lieblichen Mägdelein und bezeichneten den zweiten, den besten Aufguß des grünen Tees als das „edle Emblem des Einsiedlers", da er gerbsäurearm und weniger anregend ist. Bis zum Niedergang der Ming-Dynastie im 16. Jahrhundert bevorzugten die Chinesen ihren Cha – von dem übrigens das türkische Wort Çay abstammt – nicht pur, sondern mit Salz, Ingwer, Zwiebeln und sogar Blut gewürzt. Erst gegen Ende des 18. Jahrhunderts erwärmten sie sich für den fermentierten schwarzen Tee, den sie fortan Hong cha, roten Tee, nannten. Doch der Rote blieb bis heute ein Außenseiter, dessen berühmtester Vertreter, Pu'er, aus der abgelegenen Grenzprovinz Yunnan stammt.

Favorit ist nach wie vor der grüne Tee (Lü cha), von dem mindestens 34 Sorten – mit und ohne Jasminblüten – im Handel sind. Dürstet es den Kenner allerdings in einem der öffentlichen Teehäuser nach einem grüngelben, halbfermentierten Oolong oder einem langblättrigen, grünen Drachenbrunnentee, dann erntet er meist ein schnippisches mei you („nicht da"), da der Staat diese Spitzentees gegen Devisen exportiert.

Wie bereits erwähnt, gerät die Teekultur immer mehr ins Abseits, denn im heutigen China hält man den stillen Teegenuß für unzeitgemäß. Mit der Öffnung nach Westen verlangt der Gast zum Essen immer häufiger Bier, selbst wenn es nicht die edlen Namen „Tsingtau" oder „Spaten Pijiu" trägt, lauwarm ist und auch nicht schäumt. Heute ist die Volksrepublik China bereits der drittgrößte Bierproduzent der Erde; im Jahr 1988 wurden landesweit 45 Millionen Hektoliter (1978 waren es erst 4 Millionen) gebraut. Durst auf Alkoholisches hatten auch die Chinesen der Antike. Im dritten Jahrtausend v. Chr. kannten sie bereits die Herstellung von vergorenen Getränken, die sie alle Jiu (Wein) nannten. In der Shang-Zeit, um 1500 v. Chr., frönte der Adel dem Wein aus Hirse und anderem Getreide. Traubenwein in Schläuchen sollte erst im Jahre 640 von der fernen Oase Turfan und von Taschkent aus seinen Weg ins Reich der Mitte finden.

Lobend, aber auch warnend erwähnte im 15. Jahrhundert der Pharmakologe Li Shizhen den Wert des Weines: „Ein herrliches Geschenk des Himmels, in bescheidenem Maße genossen, kräftigt er das Blut und regt den Kreislauf an, stärkt die Nerven und wappnet gegen die Kälte, verbreitet Freude und vertreibt Trübsinn. In großen Mengen genossen, schadet er den Nerven und zehrt das Blut auf, zermürbt den Magen, zerstört das innere Wesen, ruft Schleim hervor und löst Feuer im Körper aus."

Wollten sich die Chinesen berauschen, dann griffen sie zu heißem Reiswein oder zu feurigen – mindestens 55prozentigen – Getreideschnäpsen. Auf eine ehrwürdige Geschichte können die berühmtesten Marken zurückblicken: „Maotai" aus der Provinz Guizhou und „Wuliangyie" aus der traditionellen Schnapsprovinz Sichuan. Im berühmtesten Weinort Chinas, Shaoxing (Shao Hsing), setzte einst jeder Vater bei der Geburt einer Tochter einen Krug Reiswein an, damit ein Teil der Mitgift gesichert war.

Der Shaoxingwein wird aus Klebreis, auch No- oder Shu-Reis genannt, gewonnen. Er muß zunächst in großen Bottichen gedämpft und anschließend mit einem Hefezusatz in Bambuskörben gelagert werden. Dabei kann der zucker- und stärkehaltige Reissaft durch den Boden der geflochtenen Körbe in die darunterstehenden Tonkrüge tropfen. Im Verlauf eines oder mehrerer Jahre macht er in den luftdicht verschlossenen Krügen einen Gärungsprozeß durch, wodurch er seine Trübung verliert und einen fruchtigen Geschmack gewinnt.

Während sich die Frauen beim Umtrunk vornehm zurückhalten, prahlen die Männer mit allerlei rauhen und feinen Trinksprüchen und -sitten. Um Schlimmes zu verhindern, riet einmal ein trinkfester Literat dem gutsituierten Stand der Weinliebhaber „Feierliches Trinken soll langsam und behutsam geschehen, zwangloses hingegen elegant und romantisch. Wer krank ist, trinke wenig, und wer traurig ist, der trinke, um sich zu betrinken." Trinken mag für Chinesen ein Berauschen sein, doch es artet selten in ein Besäufnis aus. Dafür sorgt eine Eßkultur, die jeder Speise eine medizinische Wirkung zuschreibt. Auch wenn sie einen Gott der Gefräßigkeit verehrten, waren sich die Chinesen sehr wohl bewußt, daß Völlerei und Sauferei der Lunge schaden und daß Hunger und Durst den Fluß der Lebensenergie hemmen.

Teepflückerin in Guangxi

Chinesisch kochen leicht gemacht

Küchengeräte

Das Geheimnis jeder guten Küche ist neben qualitativ hochwertigen Zutaten das richtige Handwerkszeug. Dazu gehören unter anderem gute Messer, solide Töpfe und Kochgeschirre und vor allem die richtige Energiequelle. Das heißt nicht, daß die ganze Palette an neuen Küchengeräten vorhanden sein muß, sondern daß lieber wenige, aber qualitativ sehr gute Kochgeschirre angeschafft werden, die Ihnen Ihre Arbeit erleichtern und an denen Sie lange Freude haben. Die chinesische Küche kann

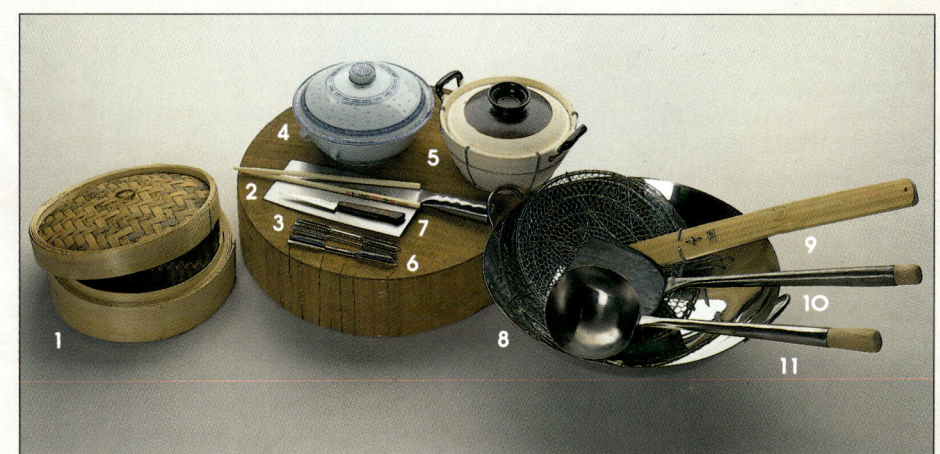

hierfür ein gutes Vorbild sein. Einige Woks in verschiedenen Größen, Dämpftöpfe, Pfannenwender, Sieblöffel, Tontöpfe, ein scharfes Küchenbeil und ein Schneidebrett, kaum mehr ist vonnöten. Doch erschrecken Sie nicht, nicht alles ist unbedingt notwendig. Man sollte aber die einzelnen Zubereitungsarten und ihre Besonderheiten genau kennen, so daß Sie auch in europäischen Küchen ein optimales kulinarisches Ergebnis auf den Tisch bringen. Im Mittelpunkt jeder Küche steht der **Herd**. Wird in China heute noch in vielen Gegenden auf offenen Feuerstellen, meist mit Kohle, gekocht, so hat sich vor allem in chinesischen Restaurants und auch in Städten der Gaskocher als ideale Heizquelle durchgesetzt. Dies ist vor allem für das kurze Braten in der Pfanne optimal, denn die Gasflamme reagiert sofort, und die Garzeiten können exakt eingehalten werden. Gerade in diesem Punkt hat der Elektroherd Nachteile. Schaltet man die Platte aus, gibt sie noch eine Weile die gespeicherte Hitze ab. Aus diesem Grund müssen Sie – wenn Sie mit einem Elektroherd arbeiten – die Pfanne oder den Topf der angegebenen Garzeit entsprechend sofort von der Feuerstelle nehmen, denn nur dann bleiben die Zutaten bißfest. Noch kurz ein Hinweis zu Tischgeräten. Es gibt mittlerweile eine Vielzahl von Woks auf dem Markt, mit denen man direkt bei Tisch garen kann. Die Heizquelle wird entweder elektrisch oder mit Brennspiritus betrieben. Auch Gasbrenner sind im Handel, die natürlich genauso gut arbeiten wie ein Gasherd. Die anderen Geräte liefern in der Regel nicht die erforderliche Hitze, so daß sie nur zum Erwärmen, jedoch nicht zum Kochen zu empfehlen sind.

Der ideale Topf für chinesische Zubereitungsmethoden ist der **Wok** (8). Er erinnert an eine breite, abgerundete Pfanne, in der die Hitze gleichmäßig und schnell verteilt wird. In den meisten Fällen besteht der Wok aus Gußeisen, aber auch Ausführungen aus Edelstahl und Eisen sind auf dem Markt, ebenso beschichtete Woks. Möchten Sie sich einen Wok kaufen, er eignet sich übrigens sehr gut auch für die Zubereitung europäischer Gerichte, entscheiden Sie sich für ein Stück aus Gußeisen oder Edelstahl. Diese sind zwar etwas teurer, leiten aber die Hitze sehr gut und sind äußerst stabil. Da der Wok zumeist auf offene Feuerstellen gesetzt wurde, hat die Originalform einen runden Boden. Für diese benötigen Sie Standringe, die zur Größe Ihrer Herdplatten passen. Besser ist es daher, am Boden abgeflachte Woks zu kaufen. Zwar ist die Anschaffung eines Woks zu empfehlen, da er sich vor allem für das kurze Braten unter Rühren ideal eignet, doch kann er sehr gut durch andere Kochgeschirre ersetzt werden. Zum Braten nehmen Sie eine gute Pfanne aus Edelstahl, Gußeisen oder Kupfer mit etwa 28 Zentimeter Durchmesser und einer Höhe von 6 bis 8 Zentimeter. Ein wenig müssen Sie dann jedoch die Bratmethode ändern. Während im Wok immer nur ein Teil der Zutaten auf dem relativ kleinen Boden liegt, der andere unterdessen an die Wand gerührt wird, kommt bei einer planen Pfanne das gesamte Gargut ständig mit Hitze in Verbindung. Es muß aus diesem Grund häufiger gerührt werden, damit nichts ansetzt.

Auch zum Fritieren kleiner Mengen ist die Pfanne geeignet. Brauchen Sie jedoch mehr als 1 Liter Öl, sollten Sie einen Topf oder eine Friteuse vorziehen, in der Sie erstens völlig gefahrlos, zweitens geruchlos fritieren können. Zum Kochen, Schmoren und Dämpfen nehmen Sie einen Topf.

Ein weiteres wichtiges Küchengerät ist der **Dampfkorb** (1), der sowohl aus Metall als auch aus Bambus in Chinaläden erhältlich ist. Hier kann man sich mit einem Topf und Porzellanschalen und -tellern behelfen (siehe auch Seite 38).

Genauso wichtig wie bei uns sind in der chinesischen Küche **gute Messer** (7). Sie benötigen ein kleines Küchenmesser zum Schnitzen und Schneiden von Garnituren oder ein spezielles Schnitzmesser (6), ein großes Kochmesser, oder wenn Sie's lieber original-chinesisch wollen, ein **Küchenbeil** (3). Mit diesem wird nicht nur fein gehackt, zerschnitten und zerteilt, sondern es werden auch Zutaten flach geklopft oder zerschlagen. Als Unter-

lage zum Schneiden und Hacken benötigen Sie ein Holz-
oder Kunststoffbrett.
Damit haben Sie schon die wichtigsten chinesischen
Küchengeschirre kennengelernt. Hilfreich sind darüber hinaus ein **Pfannenheber** (10) oder Bratenwender, eine
Kelle (11) sowie ein **chinesischer Sieblöffel** (9) oder
Schaumlöffel. Auch **Stäbchen** (2) verwenden Chinesen
häufig als Kochgeschirr. Können Sie erst einmal perfekt
damit umgehen, finden auch Sie sie sicherlich praktischer
als Fleischgabeln. Für manche Gerichte benötigen Sie
Tontöpfe (5) oder **chinesische Porzellantöpfe** (4). Porzel-
lanschüsseln oder Töpfe erfüllen jedoch denselben
Zweck.

Schneidetechniken

Erfahrene Köche können bereits an der Farbe des Essens
und an der Schneidetechnik einen guten Kollegen erkennen, denn diese ist ausschlaggebend für die Zubereitungsmethode und Garzeit. Je nachdem wie dick die
Scheiben, Würfel oder andere Stücke geschnitten sind,
werden sie entweder gekocht, gegart, gegrillt,
geschmort oder gedämpft.
Darüber hinaus beeinflußt die Schneideform den
Geschmack, denn die Dicke bestimmt ja auch, wie und in
welchem Maße Gewürze und Soßen in das Gargut eindringen oder einziehen können.
Nun konkret zu den Schneidetechniken. Hier stellen wir
Ihnen die wichtigsten und vor allem jene, die für das Buch
benötigt werden, vor. Legen Sie, bevor Sie mit dem
Schneiden beginnen, ein Tuch unter das Schneidebrett,
so verrutscht es nicht, und kleine Stücke, die herunterfal-
len, können leicht aufgefangen werden.

Schneiden von Gemüse und Obst
Für die Zubereitungsarten der chinesischen Küche wird
das Gemüse in mundgerechte Stücke oder Scheiben
oder Streifen geschnitten, grob gehackt oder fein gewür-
felt. Ingwer oder Frühlingszwiebeln werden häufig auch
in ganz dünne Streifen, sogenannte Seidenfäden, geschnitten.
Darüber hinaus werden aus Gemüse häufig Blumen oder
Tiere geschnitzt. Dies ist sehr kompliziert, bedarf einer speziellen Ausbildung und jahrelanger Übung. Hier zwei einfache Beispiele für Gemüsegarnituren:

Gurkenblume
1. Eine Salatgurke mit dem Messer der Länge nach halbieren, die Hälften nochmals längs halbieren und die
Kerne aus jedem Viertel herausschneiden.
2. Die Gurkenstreifen mit der Schale nach oben auf ein
Küchenbrett legen und jedes Viertel diagonal in gleich
große Stücke teilen (1).
3. Diese Stücke jeweils zu drei Vierteln sechsmal einschneiden, so daß feine Streifen entstehen (2).
4. Nun jeden Streifen umbiegen und die Spitze in die
Kerbe stecken (3).
5. Die Gurkenblume 1 Stunde in Wasser ziehen lassen,
dann zur Garnitur verwenden.

1

2

3

4

5

6

Rote-Bete-Rose

1. Eine schöne Rote-Bete-Knolle waschen und trocken-tupfen.

2. Mit einem kleinen scharfen Messer am unteren Strunk der Knolle entlang der Schale fünf Scheiben abschnei-den (4).

3. Nun rund um die Knolle schmale Scheiben von oben nach unten einschneiden, aber nichts abschneiden (5). Die Blätter etwas von der Knolle wegbiegen (6).

4. Die Schale oberhalb der Einschnitte wegschneiden (7).

5. Erneut dünne Scheiben einschneiden (8).

6. Nun wieder die Schale oberhalb der Einschnitte weg-schneiden (9) und erneut dünn einschneiden. Auf diese Art und Weise entstehen langsam die einzelnen Reihen der Blütenblätter.

7. Die Anzahl der Blütenblätter nimmt, je weiter man mit der Blütenreihe nach oben kommt, zu (10). Schneiden Sie immer sehr vorsichtig ein, damit die äußeren Blütenblätter nicht versehentlich mit abgeschnitten werden.

8. Zum Schluß die Spitze kegelförmig zuschneiden (11). Die fertige Rote-Bete-Rose 1 bis 2 Stunden in Wasser ziehen lassen, damit sich die Blätter schön entfalten. Dann als Garnitur verwenden.

8

9

10

11

Schneiden von Fleisch

Zu beachten ist, daß Fleisch von älteren Tieren quer zur Muskelfaser, und Fleisch von jungen Tieren längs zur Muskelfaser geschnitten wird.

Dünne Scheiben: Das Fleisch wird mit den gekrümmten Fingerspitzen der linken Hand auf das Schneidebrett gedrückt und das Messer oder Küchenbeil an den Fingern entlang geführt. So können sehr dünne Scheiben geschnitten werden. Bei großen, dünnen Scheiben empfiehlt es sich, das Fleisch vorher etwas anzufrieren (12).

Streifen: Hier wird das Fleisch so gehalten wie beim Schneiden von dünnen Scheiben. Die erste Scheibe wird noch abgeschnitten, die nächsten werden nur tief eingeschnitten, jedoch nicht ganz durchgeschnitten, so daß sie am Boden noch zusammenhängen (13). Die Scheiben werden anschließend auf das Brett gelegt und mit den Fingern, besonders mit dem Daumen und dem kleinen Finger der linken Hand, so zusammengedrückt, daß sie sich ein wenig wölben. Nun die Scheiben in dünnere oder dickere Streifen schneiden (14).

Würfel: Das Fleisch wird zuerst in dickere Scheiben, dann in Streifen und dann in Würfel geschnitten. Unter Umständen kann man es einschneiden.

Einschneiden: Bei manchen Zubereitungen wird das Fleisch vorher eingeschnitten, so zum Beispiel Gänsemägen oder Schweinenieren, aber auch Tintenfisch. Dabei wird die Oberfläche rautenförmig eingeschnitten, so daß sie beim Kochen aufgeht und wie eine Blume aussieht.

Hacken: Nachdem des Fleisch in Scheiben geschnitten worden ist, schlägt man mit der flachen Seite der Klinge kräftig darauf und entfernt eventuell vorhandene Sehnen. Dann wird Scheibe für Scheibe zusammengeklappt und nochmals mit der flachen Seite der Klinge daraufgeschlagen. Nun wird das Fleisch mit dem Messer oder dem Küchenbeil ganz fein gehackt (15).

Schneiden von Fisch

Der küchenfertige, das heißt ausgenommene und geschuppte Fisch wird nochmals gewaschen und trockengetupft. Nun schneidet man den Fisch vom Schwanzende zum Kopf, entlang der Rückengräte, ein (16). Mit einem biegsamen Messer oder dem Küchenbeil werden anschließend die beiden Filets von der Mittelgräte abgetrennt (17, 18 und 19). Mit einer Pinzette lassen sich restliche kleine Gräten problemlos herauszupfen. Zum Schluß schneidet man die Bauchflosse ab, die Innenseiten der Filets rautenförmig ein und läßt sie je nach Zubereitungsanweisung ganz oder schneidet sie in Würfel oder Streifen.

Wenn Sie den Fisch im Ganzen zubereiten wollen, empfiehlt es sich, diesen von außen mehrmals einzuschneiden, damit Gewürze besser einziehen können.

12

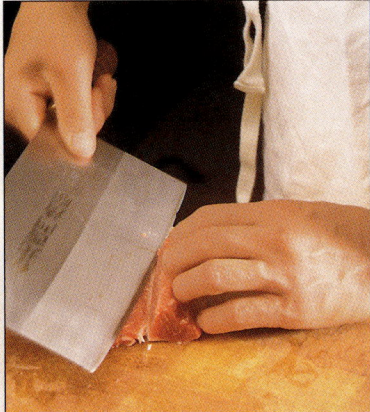

13

14

15

16

17

18

19

Grundrezepte und Zubereitungsmethoden

Hühnerbrühe

Bevor die Garverfahren nun im einzelnen vorgestellt werden, hier das Rezept für die Hühnerbrühe, die in China nicht nur als Suppe auf den Tisch kommt, sondern auch fast jedem Gericht zugefügt wird, um es noch schmackhafter zu machen. Es ist daher von Vorteil, die Brühe auf Vorrat zu kochen und portionsweise einzufrieren. Hat man einmal keine selbstgemachte Brühe zur Hand, kann man selbstverständlich auch auf gekörnte Brühen zurückgreifen. Diese allerdings sind salzig. Sie müssen daher beim Würzen des Gerichts vorsichtig sein.

Für 2 Liter Brühe:

1 Suppenhuhn (ca. 1500 g) • 50 g frischer Ingwer • 50 g Frühlingszwiebeln • 5 g Sternanis
1. Das Huhn, falls es nicht noch zum Braten verwendet wird, in 6 Stücke teilen, sonst ganz lassen.
2. Den Ingwer schälen und in Scheiben schneiden. Die Frühlingszwiebeln putzen und in 3 bis 5 Zentimeter lange Stücke schneiden.
3. 1 Liter Wasser zum Kochen bringen, Hühnerfleisch hinzugeben und erneut aufkochen lassen. Das Hühnerfleisch aus dem Wasser nehmen und das Wasser wegschütten.
4. Nun 2 Liter Wasser zum Kochen bringen und das Hühnerfleisch, den Ingwer, den Sternanis und die Frühlingszwiebeln hinzugeben, nochmals aufkochen, dann die Hitzezufuhr reduzieren und das Ganze etwa 60 Minuten kochen lassen. (Falls das Hühnerfleisch noch zum Braten verwendet werden soll, muß es nach 30 Minuten herausgenommen, das Fleisch abgelöst und nur die Knochen weiter ausgekocht werden.)

Tip vom Meisterkoch

Läßt man die Hühnerbrühe über Nacht stehen und erhitzt sie am nächsten Tag nochmals mit den Knochen, wird sie noch feiner im Aroma. Auch eine Brühe aus Schweinefleisch kann auf diese Weise zubereitet werden. Nur sollten Sie Garzeit und Wassermenge verdoppeln.

Süß-saure Soße

Süß-saure Gerichte sind in der chinesischen Küche beliebt. Die Grundlage ist oft die hier vorgestellte Soße, die auch als Beilage zu Frühlingsrollen und fritierten Wan-Tans gereicht wird. Die Mengenangaben in Klammern beziehen sich auf die Soße als Beilage.

3 EL (2 1/2 EL) Zucker • 4 EL (3 EL) Tomatenketchup • 5 1/2 EL (3 1/2 EL) Essig (5 %) • 8 EL (5 EL) Hühnerbrühe oder Wasser • 2 1/2 EL (1 1/2 EL) Kartoffelstärke • 6 EL (4 EL) Wasser
Den Zucker, das Tomatenketchup, den Essig und die Hühnerbrühe oder Wasser gut vermischen und zum Kochen bringen. Nach etwa 2 Minuten die mit Wasser angerührte Stärke hineinrühren und nochmals aufkochen lassen.

Marinade für Fleisch

Das Marinieren hat in der chinesischen Küche eine große Bedeutung, denn Fleisch oder Meeresfrüchte werden nicht nur zarter, sondern auch schmackhafter, da die Gewürze gut einziehen können. Natürlich gibt es auch beim Marinieren einige regionale Unterschiede, die jedoch nicht stark ins Gewicht fallen. Die Merkmale der einzelnen Regionalküchen werden dann beim Würzen der Soßen und Zutaten gesetzt. Hier nun eine Marinade, die überall in China gerne verwendet wird.

Für 300 bis 600 g Fleisch:

1 1/2 EL Kartoffelstärke • 1/2 Ei • 1/2 TL Salz • 1/2 TL Pfeffer • 1/2 TL Glutamat • 1/2 TL Zucker • 60 ml Wasser • 2 EL Sojasoße • 120 ml Öl
Das kleingeschnittene Fleisch mit allen Zutaten außer dem Öl gut vermischen. Nach 20 Minuten das Öl hinzufügen und alles sehr gut verrühren. Nochmals 10 Minuten marinieren lassen.

Tip vom Meisterkoch

Zum Kurzbraten sollten Sie gut abgehangenes Filetfleisch nehmen, das bei den geringen Garzeiten sehr zart bleibt. Nehmen Sie dagegen Fleisch eines älteren Tieres oder ein anderes Stück, ist es von Vorteil, der Marinade 1 Teelöffel Backpulver hinzuzufügen. Das Backpulver wirkt wie ein Zartmacher.

Marinade für Meeresfrüchte

Für 300 bis 500 g Meeresfrüchte:

1 EL Eiweiß • 1/2 TL Salz • 1 Prise Pfeffer • 2 TL Kao-Liang-Schnaps • 3 TL Kartoffelstärke • 2 EL Wasser • 4 EL Öl
Die Schalen der küchenfertigen Meeresfrüchte entfernen, die Innereien herausnehmen, die Meeresfrüchte waschen, mit einem Tuch abtrocknen und vom Rücken her halbieren. Eiweiß, Salz, Pfeffer, Schnaps, Kartoffelstärke, Wasser und Öl verrühren, die Meeresfrüchte dazugeben und 10 bis 20 Minuten ziehen lassen.

Garküchen in Xian

Vorbereiten des Woks oder der Pfanne

Häufig finden Sie in den Rezepten den Hinweis, den Wok oder die Pfanne erst zu erhitzen und dann zweimal mit Öl auszuschwenken (1), bevor die Zutaten gebraten oder fritiert werden. Dies ist enorm wichtig, da so verhindert wird, daß Fleisch, Gemüse und andere Zutaten, aber auch die Soße am Boden klebenbleiben. Bereiten Sie deshalb Ihr Kochgeschirr immer wieder wie beschrieben vor.

Braten

Die beliebteste und schnellste Garmethode ist das Braten klein geschnittener Zutaten unter Rühren im Wok oder in einer entsprechenden Pfanne. Dazu wird wenig Öl in einem vorbereiteten Wok erhitzt, das Fleisch etwa 30 Sekunden gebraten, mit dem Pfannenrührer umgerührt, weitere 30 Sekunden gebraten, nochmals umgerührt usw., bis alles gar ist.

Häufig enthalten die pfannengerührten Gerichte nicht nur Fleisch, sondern auch Gemüse. Diese werden zunächst einzeln gebraten, denn nur so kann der individuelle Garpunkt und die Hitzezufuhr optimal auf das jeweilige Lebensmittel abgestimmt werden. Erst im zweiten Arbeitsschritt fügen Sie die Zutaten dann zusammen (2) und geben die Soße hinzu.

Voraussetzung für das Gelingen eines unter Rühren gebratenen Gerichts ist natürlich, daß Sie die einzelnen Garzeiten der Fleisch- und Gemüsesorten genau kennen und alles exakt vorbereiten. Die Zutaten müssen klein geschnitten oder abgemessen am Herd stehen, denn während der knappen Garzeit kann nichts mehr vorbereitet werden.

Größere Fleischstücke werden in China selten im Ganzen zubereitet, meist werden sie nur kurz angebraten und dann in Soße geschmort.

Fritieren

Auch beim Fritieren sollten Sie die Pfanne oder den Wok sorgfältig vorbereiten. Nehmen Sie ein gutes Öl oder Fritierfett, wie Kokos- und Erdnußfett, Erdnuß-, Sojabohnen- oder Sonnenblumenöl, das für die hohe Hitzezufuhr geeignet ist. Benutzen Sie jedoch auch diese Fette nicht mehr als sechsmal und filtern Sie sie nach jedem Fritieren gründlich ab. Sie benötigen etwa doppelt soviel Öl wie die zu fritierende Menge. Nehmen Sie weniger Öl, sollten Sie in Portionen fritieren.

Man unterscheidet in der chinesischen Küche zwei Fritierarten. Bei der ersten Methode gibt man die Zutaten in das kalte Öl und erhitzt beides langsam und behutsam bei mittlerer Hitze. Nachdem das Lebensmittel 2 Minuten fritiert worden ist, steigert man langsam die Hitzezufuhr und fritiert so lange, bis alles eine schöne hellbraune Farbe hat (3).

1

2

3

Bei der zweiten, weitaus häufiger benutzten Methode wird das Öl zunächst sehr stark erhitzt und danach auf mittlere Flamme heruntergeschaltet. Dann kommen die Zutaten in das Öl und werden 2 Minuten, anschließend bei großer Flamme 1 Minute fritiert. Nun nimmt man die Speisen aus dem Öl, und läßt sie auf einem Sieb abtropfen. Dabei können sie etwas ausdampfen. Anschließend wird ein zweites Mal bei starker Hitze 1 1/2 bis 2 Minuten fritiert. Das zweimalige Fritieren sorgt für eine schöne knusprige Kruste, die nicht so schnell weich wird (4). Vielen Europäern ist das Fritieren im Topf oder Wok ungewohnt, zumal diese Zubereitungsart häufig nur dazu dient, die einzelnen Zutaten vorzugaren, um sie anschließend, zum Beispiel mit einer Soße, weiter zu verarbeiten. Das Öl muß dann, sofern kein zweites geeignetes Kochgeschirr zur Verfügung steht, ausgegossen werden. Praktischer ist daher oft die Verwendung einer Friteuse, denn mit ihr können Sie sicher, geruchsarm und schnell auch größere Zutaten, wie ganze Hähnchen oder Enten, fritieren. Manchmal wird während des Vorgangs ein paar Mal umgerührt. Nehmen Sie dazu am besten einen langstieligen Löffel.

Dämpfen

Das Dämpfen ist in China eine sehr beliebte Zubereitungsmethode. Sie benötigen dazu eine Pfanne oder einen Wok mit Deckel, einen Topf und einen Dampfkochtopf. Diese sind aus Metall, Holz oder Bambus erhältlich. Alle haben kleine Öffnungen am Topfboden, durch die der Wasserdampf nach oben steigt und die Speisen, die daraufliegen, gart. Wenn Sie einen Dampfkochtopf aus Bambus benutzen, sollten Sie ein feuchtes Leinentuch, einige Gemüseblätter oder einen Teller unter die Speisen legen.

Und so wird's gemacht. Zuerst gießen Sie soviel Wasser in den Wok oder die Pfanne, daß diese zu 1/7 gefüllt ist. Das Wasser wird erhitzt, dahinein kommt der Dampfkochtopf, und der Wok oder die Pfanne wird abgedeckt. Nach 2 Minuten werden die Speisen in den Dampfkochkorb gelegt und bei großer Hitze 5 Minuten gedämpft. Danach wird bei mittlerer Hitze weitergedämpft (5). Benutzen Sie original-chinesische Bambuskörbe, so können diese problemlos gestapelt werden. Aber auch ohne diese Körbe können Sie dämpfen. Stellen Sie eine Reisschale oder eine breite Tasse in einen mit wenig Wasser gefüllten Topf, legen Sie darauf einen Teller mit der Speise (6).

Nehmen Sie während des Dämpfens so selten wie möglich den Deckel ab, aber achten Sie darauf, daß immer genug Wasser im Topf ist.

Neben dieser Zubereitungsart, bei der der Dampf direkt mit den Speisen in Berührung kommt und diese gart, ist in China auch das Dämpfen im Porzellansuppentopf bekannt. Mit dieser Methode werden zum Beispiel würzige Eintopfgerichte gegart, die häufig bei großen Festen gereicht werden. Langsam und schonend gart die Suppe, während der Koch Zeit für arbeitsintensivere Gerichte hat.

4

5

6

Man benötigt einen oder mehrere Porzellansuppentöpfe mit passenden Deckeln, einen Dampfkochtopf, etwas Alufolie und einen Topf, in den der Dampfkochtopf gestellt wird. Die Zutaten, meist Fleisch, Gewürze, Hühnerbrühe, Reiswein, Sesamöl und Heilkräuter, kommen in die Porzellantöpfe, die mit Alufolie abgedeckt und mit dem Deckel verschlossen werden. Diese stellt man in die Dampfkochtöpfe und dämpft das Ganze etwa 3 bis 4 Stunden oder länger. Wenn kein entsprechend großer Dampfkochtopf zur Verfügung steht, kann man die Porzellantöpfe auch auf ein Sieb direkt in einen großen Kochtopf mit Wasser stellen (7). Am besten schmecken die Gerichte, wenn die Porzellantöpfe randvoll mit Flüssigkeit gefüllt sind.

Schmoren
Dem Schmoren geht entweder ein kurzes Fritieren, Blanchieren oder ein kurzes Anbraten der Zutaten voraus. Diese werden dann in eine vorbereitete Pfanne oder einen Wok gegeben, die Zutaten der Soße kommen hinzu, und alles wird zunächst 3 bis 5 Minuten auf großer Flamme, dann 3 Minuten auf mittelgroßer Flamme und dann auf ganz kleiner Flamme zu Ende geschmort. Verschließt man den Topf oder den Wok nicht, dickt die Soße während des Schmorens ein. Dann muß mehrmals umgerührt werden, damit die Zutaten nicht ansetzen.

Kochen
Das Kochen in Flüssigkeit ist eine beliebte Zubereitungsart für kalte Vorspeisen. Meist wird das Fleisch vorher kurz in Wasser abgebrüht, bevor es im eigentlichen Kochsud gart. Wird Sojasoße hinzugefügt, so spricht man von rotgekochten, im Gegensatz zu weißgekochten Gerichten. Auch das Blanchieren gehört zu dieser Garmethode.

Backen
Ente, Spanferkel, Fasan oder andere Fleischsorten werden in China in großen Holzkohleöfen gebacken. Das gibt einen unvergleichlichen Geschmack. Leider können Gas- und Elektroherde, die in Europa gerne benutzt werden, den Holzkohleofen nicht ersetzen.

Räuchern
Diese Zubereitungsart wird weniger zum Garen als zum Würzen der Speisen verwandt. Es ist eine arbeitsaufwendige Methode, die nicht in geschlossenen Räumen durchgeführt werden sollte. Trockener Reis, Mehl, Tee und Zucker liefern das Aroma.

Kombination von Zubereitungsarten
Häufig beschränkt sich die chinesische Küche nicht auf eine einzige Garmethode pro Gericht, sondern kombiniert vielmehr zwei oder drei. So werden Zutaten häufig erst fritiert, dann gebraten, erst gekocht oder gedämpft und dann fritiert oder erst gebraten und dann gedämpft. Jede dieser Kombinationen führt zu einem ganz speziellen Aroma.

7

In einer Garküche in Shanghai

Besondere Zutaten
der chinesischen Küche

Gewürze

Gewürze sind das A und O jeder Küche und gerade in China kennt man eine Vielzahl davon. Die in diesem Buch verwendeten und hier vorgestellten Gewürze sind in Asiengeschäften, in Feinkostläden oder in den Spezialitätenabteilungen vieler Supermärkte erhältlich.

Die **Ingwerwurzel** (17) ist in China ein sehr häufig benutztes Gewürz. Der frische junge Ingwer wird geschält und fein gehackt den Speisen zugefügt. Er hat ein zartes, aber scharf-würziges Aroma. Der ältere Ingwer ist häufig zu scharf, um ihn mitzuessen. Deshalb schneidet man ihn in Scheiben, kocht diese mit und entfernt sie vor dem Servieren. Getrockneter Ingwer, sei es im ganzen oder gemahlen, ist nicht zu empfehlen. Den eingelegten Ingwer können Sie für süß-saure Gerichte verwenden. Wenn Sie eine frische, gesunde Ingwerwurzel kaufen, pflanzen Sie diese in einen Blumentopf und gießen einmal pro Woche vorsichtig. Wenn die ersten Sprossen erscheinen, können Sie die Wurzel ausgraben, ein Stück zum Kochen verwenden und den Rest wieder einpflanzen. So haben Sie immer frischen Ingwer zur Hand. Sie können den Ingwer zum Aufbewahren aber auch in ungekochten Reis stecken oder, in Papier eingeschlagen, in das Gemüsefach legen.

Knoblauch (3) ist in chinesischen Küchen ebenso häufig vertreten wie Ingwer. Er wird in vielen Provinzen Chinas neben Chilischoten und Frühlingszwiebeln frisch und roh gegessen, dies soll die Gesundheit fördern und appetitanregend sein. Fast jede chinesische Familie konserviert Knoblauch in einem Tontopf. Die folgende Methode ist in der Provinz Yunnan sehr beliebt. Man nimmt 2 Reisschalen Zhejiang-süß-saure-Soße, 1/4 Reisschale Essig, 300 g junge, geschälte Knoblauchzehen und gibt alles in einen Tontopf, verschließt diesen mit einem Deckel und läßt das Ganze einen Monat ziehen. Dieser eingelegte Knoblauch ist als Beilage für kalte Platten gut geeignet.

Frische, junge **Frühlingszwiebeln** (4) sind in der chinesischen Küche eine unentbehrliche Gewürzzutat. Das scharfe Weiß der Zwiebeln wird oft zur Verfeinerung des Aromas zusammen mit Ingwer und Knoblauch angebraten, das fein gehackte Grün wird dagegen häufig für kalte Vorspeisen und zur Dekoration benutzt. Frühlingszwiebeln können jedoch auch Gemüsezutat in einem Gericht sein.

Frische, fein gehackte **Chilischoten** (12) oder **Sambal** (9), eine Soße aus Chilischoten, werden oft zu Fleisch- und Reisgerichten gereicht. Darüber hinaus wird Chili in vielen Gewürzsoßen verwendet. Wenn Sie es nicht ganz so scharf mögen, entfernen Sie die Kerne vor dem Hacken. Auch getrocknete Schoten sind, vor allem in der Provinz Sichuan, sehr beliebt. Häufig werden sie mitfritiert oder mitgebraten und geben so ihr Aroma ab, mitgegessen werden sie jedoch nicht.

Wasabi (15) ist ein sehr scharfes, grünes Meerrettich-pulver, das ursprünglich aus Japan kommt. Es wird mit Wasser vermischt und wird fast nur als Soße zu kalten Vorspeisen gereicht.

Sternanis (14) ist eine Samenbalgfrucht, die häufig gekochten oder geschmorten Gerichten zugefügt wird. Er ist fester Bestandteil chinesischer Gewürzmischungen.

Sichuanpfeffer (11) wird aus einer roten Beere gewonnen, die ein sehr scharfes Aroma besitzt. Die Pfefferkörner werden sowohl im ganzen als auch gemahlen verwendet.

Das **Fünf-Gewürz-Pulver** (13) steht stellvertretend für eine Vielzahl von chinesischen Gewürzmischungen, die meist aus Sternanis, Sichuanpfeffer, Kassiarinde, Nelken und Süßholzwurzel, aber auch Fenchel, Kardamom, Koriander, Piment oder Pfeffer bestehen. Je nach Hersteller variieren das Mischungsverhältnis und auch der Geschmack.

Die **Gewürzmischung** (7) aus ganzen, getrockneten Gewürzen ist ähnlich zusammengesetzt wie das Fünf-Gewürz-Pulver. Es ist häufig auch als Gewürzmischung für Ente im Handel. Sollten Sie es nicht bekommen, mischen Sie Sternanis, Sichuanpfefferkörner, getrocknete Nelken, Mandarinenschalen, Fenchelsamen, Zimt, Ingwerwurzel und Süßholzwurzel.

In China wird **Ginseng** (1) als Heilmittel sehr geschätzt, ist aber auch sehr teuer. Mittlerweile ist er in verschiedenen Säften und Extrakten auch in europäischen Apotheken und Reformhäusern anzutreffen. Wenn man ihn zusammen mit anderen Zutaten dämpft, entfaltet er am besten seinen guten Geschmack und seine Heilwirkung. Es gibt sowohl roten als auch weißen Ginseng. Zum Kochen wird die Ginsengwurzel in dünne Scheiben geschnitten.

Die **Kassiarinde** (8) ist die Rinde des in China beheimateten Zimtkassiabaums. Sie kann in der Küche problemlos durch Kaneel (Zimtstangen) ersetzt werden.

Gozee (5) ist die rote Kornfrucht eines Strauches, die häufig bei gedämpften Gerichten verwendet wird.

Die **Danguewurzel** (6) ist der Ginsengwurzel ähnlich und duftet wie Staudensellerie. Sie wird Suppen und Dampf-gerichten zugefügt.

Monosodium-Glutamat (16) ist ein Produkt ohne Eigenge-schmack, das die Geschmacksintensität anderer Zutafen hebt. Gute und frische Lebensmittel bedürfen jedoch, wenn überhaupt, nur einer Prise dieses Geschmacksver-stärkers. Leider wird heute noch immer in vielen China-restaurants Glutamat in großen Mengen verwendet, um auch billige Lebensmittel schmackhaft zu machen.

Curry (10) ist ursprünglich eine indische Gewürzmischung, die mittlerweile auch in der chinesischen Küche zu Hause ist. Kaufen Sie jedoch Ihr Currypulver in Asiengeschäften, es ist etwas anders im Geschmack als die deutschen oder englischen Mischungen.

Agar-Agar (18) ist der Inhaltsstoff von Rotalgen. Die Sub-stanz wird ausgelöst und ist auch als Pulver im Handel. Wie Gelatine wird Agar-Agar zum Andicken, nicht zum Würzen von Speisen benutzt.

Süßholzwurzeln (2) sind das Grundprodukt für Lakritz, in der chinesischen Küche werden die Wurzeln als Gewürz zum Kochen verwendet.

Gewürzsoßen und -pasten

Sojasoße (10) ist ein unentbehrliches Würzmittel der chinesischen Küche und wird aus fermentierten gelben Sojabohnen, Weizen, Gerste, Salz, Zucker und Hefe hergestellt. Während hierzulande oft nur eine Sorte bekannt ist, findet man in Asiengeschäften eine Vielzahl an verschiedenen Sojasoßen. Zwei Grundsoßen sind auf dem Markt. Die dunkle Sojasoße, die sich für Schmorgerichte und Braten eignet, sowie die helle Sojasoße, die bei kurz gebratenen Gerichten und gekochten Speisen verwendet wird. Neben diesen beiden Soßen findet man eine scharfe Sojasoße, die zusätzlich Chili, Pfeffer und Zimt enthält, sowie eine süße Sojasoße, die mit viel Zucker gesüßt ist. Ein akzeptabler Ersatz für die scharfe Sojasoße ist Worchestersoße. Auch die Pilzsoße muß an dieser Stelle noch erwähnt werden, bei der die Sojasoße noch mit Strohpilzextrakt versetzt wurde und dadurch einen typischen Pilzgeschmack erhält.

Bohnensoße (6) ist eine braune Paste, die aus fermentierten gelben Sojabohnen, Weizenmehl, Salz und Wasser besteht. Eine gezuckerte und eine scharfe Variante sind auf dem Markt.

Rote-Bohnen-Paste (3) wird aus pürierten, gezuckerten Bohnen hergestellt und gerne für Gebäck verwendet.

Chilisoße (9) ist dünnflüssig und wird aus Chili, Knoblauch, Salz, Zucker und Wasser zubereitet.

Austernextrakt, Weizenmehl, Stärke, Klebreis, Salz und Wasser sind die Bestandteile der würzigen **Austernsoße**, die gerne für Fischgerichte verwendet wird.

Shrimpspaste (1) entsteht auf der Grundlage von fermentierten, getrockneten Garnelen.

Die würzige **Sa-Cha-Chiang-Soße** (5) besteht aus Nußöl, Wasser, Knoblauch, Schalotten, getrockneten Garnelen, Salz, Zucker und Chili.

Hoisinsoße (8) ist dickflüssig und wird gern als Dip verwendet, schmeckt süß und etwas scharf und besteht aus Sojabohnen, Weizenmehl, Salz, Zucker, Essig, Knoblauch, Chilischoten und Sesamöl.

Um **Sesampaste** (2) zu gewinnen, werden die Sesamsamen fein gemahlen, dabei tritt das Sesamöl aus. Verrühren Sie die Paste vor jedem Gebrauch gut.

Reisweinsatz (4) wird selten verwendet. Die Soße besteht vor allem aus gedämpftem, fermentiertem Reis.

Um **karamelisierten Zucker** (7) zu gewinnen, werden ¾ Reisschale Zucker, ½ Reisschale Wasser und 2 Eßlöffel Öl benötigt. Zuerst wird in eine Pfanne, die mittelstark erhitzt ist, der Zucker gegeben und umgerührt. Dann wird das Öl hinzugefügt und erneut ständig gerührt. Nach 1 bis 2 Minuten, wenn der Zucker hellbraun und schaumig geworden ist, wird das Wasser dazugerührt. Der karamelisierte Zucker hat einen leicht bitteren Geschmack und gibt den Gerichten eine schöne braune Farbe.

Öle und Essig

Zum Braten und Fritieren verwenden Sie am besten das feine **Erdnußöl** (1) oder ein anderes geschmacksneutrales, aber hitzestabiles Öl oder Bratfett. Auch Schweineschmalz kann genommen werden, allerdings ist es aufgrund seines hohen Anteils an gesättigten Fettsäuren aus gesundheitlichen Gründen nicht zu empfehlen.

Sesamöl (2) wird sowohl aus dunklen als auch aus hellen Sesamkörnern hergestellt. Da es in China sehr teuer ist, benutzt man Sesamöl nur zum Verfeinern.

Chiliöl (4) kann selbst hergestellt werden. Dazu gibt man Chilischoten, Sichuanpfeffer, Ingwer, Frühlingszwiebeln, Stangensellerie und manchmal in Streifen geschnittene Möhren in einen Topf und gießt brodelnd-heißes Speiseöl darüber. Das Ganze läßt man ungefähr 2 bis 3 Stunden stehen, bevor man es abseiht. Man kann Chiliöl aber auch fertig kaufen.

Für die Gewinnung von **Möhrenöl** (5), das ebenso wie Sesamöl zum Verfeinern benutzt wird, werden 500 g Möhren, am besten dicke und große, und $1/2$ Reisschale Öl benötigt. Die Möhren werden geschält und anschließend 150 g davon abgeschabt. Diese Masse wird bei mittlerer Hitze 3 Minuten lang unter Umrühren fritiert und erhält dann eine dunkelgelbe Farbe. Auch das Öl nimmt eine gelbliche Farbe an. Danach siebt man die Möhrenmasse ab.

Häufig werden in der chinesischen Küche Gerichte mit **Essig** (3) abgeschmeckt. Dazu wird sowohl konzentrierter 25%iger Essig als auch 5%iger Essig verwendet. Der helle, klare und nicht sehr scharfe Reisweinessig ist ebenso beliebt wie Zhejiangessig, der nicht sehr sauer ist, aber ein spezifisches Aroma hat.

Wein und Schnaps

Reiswein (3) ist eine der ältesten Spirituosen in China und wird aus Klebreis, Hefe und Wasser zubereitet. Er ist auch unter dem Namen Shaoxingwein (Shao Hsing) im Handel und kann durch trockenen Sherry ersetzt werden.

Den aromatischen **Ingwerwein** (5) können Sie selbst herstellen. Schälen Sie dazu etwa 100 g Ingwer, und schneiden Sie ihn in Stücke. Dann geben Sie $1/2$ Liter Reiswein dazu und verschließen alles sorgfältig. Nach 3 Tagen ist der Wein gebrauchsfertig.

Kao-Liang-Schnaps (2) wird aus Kao-Liang, einer Hirseart (Sorghum), die in Nordostchina angebaut wird, hergestellt. Er dient zur Verfeinerung des Aromas einer Speise.

Maotai (4) ist Schnaps, der aus Hirse und Weizen hergestellt wird und aus dem Städtchen Maotal stammt.

Mei-Kuei-Lu-Schnaps (1) ist ein mit Rosenblüten versetzter Hirseschnaps.

Gemüse

Ein chinesisches Menü ohne ein Gemüsegericht ist undenkbar, und daß bei der Zubereitungsart, Gemüse kurz in wenig Öl zu braten, nicht nur viele wichtige Nährstoffe, sondern darüber hinaus auch die knackige Struktur erhalten bleiben, ist langsam auch hierzulande einigen Köchen bekannt. Viele verschiedene Gemüsesorten sind in China zu Hause, neben regional-unterschiedlichen Angeboten bestimmt die Jahreszeit das in der Küche verwendete Gemüse. Und auch Sie sollten sich diesen Wahlspruch zunutze machen. Nehmen Sie lieber im Winter einen knackigen Kohlkopf statt farblose und geschmacklose Tomaten.

Rapskohl, Bittergurken, Lotoswurzeln, Pak soi, Schwammgurken, Senfkohl, Schminkbohnenschoten und Wintermelonen sind typische chinesische Gemüsesorten, die hierzulande leider nicht erhältlich sind. Jedoch können alle heimischen Gemüsearten in der chinesischen Küche verwendet werden.

Etwas ungewöhnlich mag die Verwendung von **Bambussprossen** (14 und 16) sein. Es handelt sich hierbei um die jungen, noch nicht verholzten, bleichen Schößlinge des Bambus, die bei uns in Dosen erhältlich sind.

In einem Zeltrestaurant in Kashgar

Darüber hinaus sind **Sojabohnenkeimlinge** (12) beliebt, die ebenfalls in Dosen oder frisch angeboten werden. Bevorzugen Sie frisch gezogene Sprossen, da diese viel knackiger und aromatischer als die Dosenware sind. Es ist auch kein Problem, die Keimlinge selbst zu ziehen. Weichen Sie dazu die grünen Mungobohnen, nicht die gelben Sojabohnen, über Nacht in Wasser ein und spülen Sie die Bohnen zweimal am Tag mit klarem Wasser durch. Nach 3 bis 4 Tagen sind die Sprossen fertig.

Wasserkastanien (15), ebenfalls in der chinesischen Küche sehr beliebt, sind in Dosen erhältlich und werden, ähnlich wie Eßkastanien gekocht, als Gemüse verzehrt oder zu Mehl vermahlen.

Auch eingelegtes Gemüse kommt in China auf den Tisch. Das **Sichuangemüse** (10) ist eine in Sichuan angebaute Senfkohlart, das zuerst gesalzen und dann mit Chili versetzt wird. **Sauergemüse** (13) ähnelt ein wenig eingelegten Gurken und schmeckt süß-sauer. Beide Gemüse sind in Dosen erhältlich.

Schwarze, fermentierte Bohnen (9) werden ebenfalls gerne verwendet. Es handelt sich dabei um ganze, gelbe Sojabohnen, die mit Salz und Ingwer konserviert sind.

Pilze

Pilze werden in der chinesischen Küche häufig verwendet. Sie sind nicht nur Gemüsezutat, sondern aufgrund ihres besonderen Aromas auch Würzmittel. Meist sind sie getrocknet im Handel, einige Pilzarten werden jedoch auch in Dosen angeboten. Am bekanntesten sind die **chinesischen Blumenpilze** (4), die ein blütenartiges Muster auf der Pilzkappe haben und in verschiedenen Größen und Qualitäten auf dem Markt sind. Die **Holzohren**, auch Mu-err genannt, und die kleineren **Wolkenohren** werden in Westchina kultiviert und sind von gallertartiger Konsistenz. **Strohpilze** (3), die den Champignons ähnlich sind und auf Reisstroh gezüchtet werden, sind nicht ganz so würzig und werden häufig nur wegen der festen Struktur verwendet. Auch chinesische **Morcheln** (2) sind im Handel. Sie sind in Aussehen und Geschmack den europäischen Morcheln ähnlich.

Getrocknete Pilze müssen für alle Gerichte vorbereitet werden. Entweder weicht man sie 1 bis 1 $\frac{1}{2}$ Stunden in Wasser ein oder legt sie 20 Minuten in heißes und anschließend 10 Minuten in kaltes Wasser. Dabei nehmen die Pilze etwa das drei- bis vierfache ihres Gewichtes zu.

Nudeln und andere Nährmittel

Im Norden Chinas sind die Klimaverhältnisse für den Reisanbau ungünstig. Weizen, Hirse, Gerste und Buchweizen werden hier kultiviert und stehen deshalb auch auf dem Speisezettel. Weizen wird häufig als Dampfbrot gegessen, aber auch Nudeln in vielen Formen und Variationen kommen in ganz China auf den Tisch.

Die **chinesischen Eiernudeln** (7), die ähnlich wie die europäischen Nudeln aus Weizen, Eiern, Wasser und Salz hergestellt werden, sind kaum frisch erhältlich. Meist kann man sie getrocknet und zu kleinen Bündeln gelegt, entweder dünn oder breit geschnitten, in Asiengeschäften kaufen. Diese Nudeln können auch durch die hier auf dem Markt befindlichen Sorten ersetzt werden.

Teighüllen (11) für Wan-Tans und Frühlingsrollen sind zwar nicht sehr schwierig, aber zeitaufwendig in der Herstellung. Aus diesem Grund sollten Sie auch hier auf Fertigprodukte zurückgreifen, die ebenfalls leicht erhältlich sind. Gerne gegessen werden auch **Reisnudeln** (1) aus Reismehl, etwas Weizenmehl und Wasser sowie **Glasnudeln** (5), die aus gemahlenen Mungobohnen hergestellt werden. Glasnudeln müssen vor der Verwendung gewässert werden, sie verdrei- oder vervierfachen dabei ihr Gewicht, sind sehr schlüpfrig und nehmen gut den Geschmack anderer Zutaten an. Glasnudelplatten werden gerne zusammen mit jungen Gurken im Sommer serviert. Sie heißen **Tientsin-Fen-Pai** (6) und sind etwas weich. **Mien-Jing** (8) werden häufig in der vegetarischen Küche verwendet. Es handelt sich dabei um kleine, getrocknete Teigkugeln, die aus Kao-Liang-Mehl (eine Hirseart), Backpulver und Wasser bestehen, sie werden frittiert und in der Sonne getrocknet, sind 6 bis 12 Monate haltbar und müssen vor der Zubereitung in Wasser eingeweicht werden.

Hinweise zu den Rezepten

Alle original-chinesischen Rezepte in diesem Buch berücksichtigen das hierzulande übliche Lebensmittelangebot und die Zubereitungsmöglichkeiten. Aus diesem Grund sind die Gerichte häufig hinsichtlich der Menge reduziert und nur für zwei oder drei Personen ausgerichtet. Das ist wichtig, denn wenn Sie mehr verwenden als angegeben, kann im Wok oder in der Pfanne die benötigte Gartemperatur nicht erreicht werden, und die Zutaten erhalten nicht die gewünschte Konsistenz. Möchten Sie daher das Rezept für mehrere Personen kochen, müssen Sie es in zwei oder mehreren Arbeitsgängen zubereiten und dann noch einmal die einzelnen Portionen ganz kurz zusammen erhitzen.

In China ist es üblich, nicht nur ein Gericht, sondern verschiedene Speisen nebeneinander zu servieren. Angefangen wird mit einer kalten Vorspeise, dann folgen einige harmonisch aufeinander abgestimmte Köstlichkeiten. Anschließend wird die Suppe und etwas Obst gereicht.

Die in den Rezepten angegebenen Mengen beziehen sich auf ein Hauptgericht, das mit etwas Reis serviert wird. Planen Sie nun ein Menü, müssen Sie die Mengen entsprechend reduzieren.

Die Zutatenliste in den Rezepten können Sie wie einen Einkaufszettel benutzen, denn die angegebenen Mengen beziehen sich, sofern nicht anders angemerkt, auf die ungeputzte Rohware. Gewürzzutaten werden häufig, da es praktischer ist, mit Tee- oder Eßlöffeln abgemessen, dabei gehen wir von gestrichenen Maßen aus. Der Pfeffer wird immer frisch gemahlen verwendet.

Die Zubereitungszeiten, die natürlich nur als Anhaltspunkt dienen können, schließen die Vorbereitungs- und die Garzeiten ein. Marinierzeiten werden extra angegeben.

Abkürzungen:			
g	= Gramm	TL	= Teelöffel
l	= Liter	EL	= Eßlöffel
ml	= Milliliter	Msp.	= Messerspitze

Zeit zum Essen, Zeit zum Leben

Die verlängerten Finger

Ganz locker und geduldig, bloß nicht verkrampft – dann gelingt das Zupacken mit den „verlängerten Fingern" spätestens nach drei Mahlzeiten. Zweifellos gibt es mehrere Techniken, um mit den Eßstäbchen umzugehen, doch die einfachste und bekannteste funktioniert folgendermaßen: Das untere Stäbchen wird fest zwischen Daumen und Ringfinger eingeklemmt, so daß es sich nicht bewegen kann. Lediglich das obere ist beweglich. Es wird mit der Daumenkuppe an die Seite des Zeigefingers geklemmt und vom Mittelfinger gestützt, so daß man es über dem anderen Stäbchen frei bewegen kann. Einmal gelernt und kräftig geübt, dann vergißt man diese Technik nicht mehr. Doch wer ein Meister werden will, der muß erst folgende Prüfung bestehen: „Mit den Stäbchen ein Reiskorn vom Teller nehmen, eine Mücke in der Luft erhaschen und die feindlichen Pfeile in der Luft abfangen"

„Den Mund voll, die Schale übervoll und die Stäbchen überladen", so charakterisiert ein chinesisches Sprichwort den Gefräßigen, dem Manieren gänzlich fehlen. O Schande, gilt doch gutes Benehmen spätestens seit den Zeiten des weisen Konfuzius, der immerhin ein halbes Jahrtausend v. Chr. lebte, als eine Kardinaltugend unter Chinesen – egal ob Arm oder Reich. Sittsam essen heißt in erster Linie langsam essen, denn wer keine Zeit zum Essen hat, der hat auch keine Zeit zum Leben. Nach der konfuzianischen Lehre wohnt der Ernährung eine klassenüberwindende Sprengkraft inne, denn „beim Essen ist der Bettler König". Selbst wenn der Arme nur eine Schale Reis vorgesetzt bekommt, kann er mit den Stäbchen doch so würdevoll umgehen, als sei er Gast auf einem kaiserlichen Dinner.

Beim Bankett mit geladenen Gästen fangen die guten Manieren nicht erst beim Essen an, sondern bereits beim Betreten des Speisesaales. Ein ritualisierter Kampf entbrennt, um sich gegenseitig zum ersten Schritt über die Schwelle zu animieren. Schließlich beendet der Gastgeber lächelnd das Palaver und schreitet als erster in den Raum. Wohlüberlegt weist er nun jedem einen Platz am runden Bankettisch zu. Stets erhält der Ehrengast den – einst militärstrategisch bedeutsamen – Sitzplatz vis-à-vis der Tür. Dort, wo früher die Leibwächter Platz nahmen, nämlich am Eingang, läßt sich der Gastgeber bei großen Empfängen nieder, um alle seine Gäste im Auge zu haben, in kleiner Runde sitzt er rechts neben dem Ehrengast.

Hat der Ehrengast endlich nach höflichem Zögern Platz genommen, lassen sich die anderen Personen erstaunlich flink nach einem festgelegten Schema an der Tafel nieder. Zur Etikette gehört auch, daß Ehefrauen immer rechts neben ihren Männern sitzen, denn Yin, Sinnbild des Weiblichen, entspricht der Rechten, während das Männliche, Yang, immer die Linke verkörpert.

Nicht weniger ausgeklügelt nimmt nun das Festmahl seinen Lauf: Bei einer zwölfköpfigen Gesellschaft darf man mit vier kalten Vorspeisen, sechs Hauptgerichten, einer klaren und einer cremigen Suppe sowie zwei Desserts rechnen. Bei vier Gästen werden in der Regel zwei Vorspeisen, vier Hauptgerichte, eine Suppe und ein Dessert aufgetischt. Der Gastgeber agiert wie ein Dirigent, er drängt seine lobenden Gäste zum Essen und legt mal diesem, mal jenem die erlesensten Stücke in die Schale. Getrunken wird nicht still vor sich hin, sondern immer nur nach einem „Auf Ihre Gesundheit" oder nach höflichem Zuprosten. Außerdem, angestoßen wird nie mit Bier oder Tee, sondern immer nur mit Schnaps oder Wein. Ruft der Gastgeber „Trockenes Glas" (gan bei) in die Runde, dann gilt es den feurigen Schnaps zu kippen und dem Gastgeber das trockene Glas entgegenzustrecken.

Trotz dieser strengen Etikette kann das chinesische Mahl nicht als zwanghaft bezeichnet werden, denn es entfaltet

Alter Mann in Peking

Junge Frau beim Dali-Fest

Kind in Peking

Beim Teetrinken in Chengdu

sich mit jedem neuen Gang gleich einer reifenden Blüte,
die Gespräche werden lauter, das Lachen und das
Zupacken mit den Stäbchen beherzter.
So darf auch zwischendurch eine Verdauungszigarette
angesteckt werden, und niemand stört sich an einem
genüßlichen Schmatzen und am geräuschvollen Schlürfen
der Suppe, denn beides dient dazu, das Aroma unmittel-
bar auf der Zunge zu entfalten und sich an der sehr heiß
servierten Speise nicht den Mund zu verbrennen. Nur
etwas sollte der Gast tunlichst unterlassen – das Schneuzen, denn das gilt unter Chinesen als barbarisch.
Doch selbst das lauteste Schneuzen und Spucken geht im
tosenden Lärm eines gewöhnlichen Restaurants unter, wo
man werktags wie sonntags preiswert essen kann. Ohne
Übertreibung, die Gelage in derartigen Gaststätten erinnern an die Derbheit eines dörflichen Bauernmarktes:
Sobald einem Gast das Feuer des Chilis oder des Alko-
hols in den Kopf steigt, entledigt er sich seines Hemdes –
und die abgenagten Hühnchenknochen und Fischgräten
werden einfach auf den Boden gespuckt. Diese zwang-
lose Art zu essen kommt einem sinnlichen, geradezu
wollüstigen Vergnügen gleich, bei dem die sonst strenge
Etikette wie das lästige Hemd abgestreift wird.

冷盘

KALTE VORSPEISEN

LAMMFLEISCH MIT PIKANTER SOSSE

BAI QIE ROU (Peking)

Für 4 Personen:

2 Frühlingszwiebeln

20 g frischer Ingwer

100 g Zwiebeln

800 g Lammfleisch ohne Knochen (Nacken oder Keule)

einige Sichuanpfefferkörner oder 1 TL gemahlenen Sichuanpfeffer

2 TL Salz

3 EL Kao-Liang-Schnaps

3 Sternanis

2 TL weißer Pfeffer

1. Die Frühlingszwiebeln putzen und fein hacken. Den Ingwer und die Zwiebeln schälen und ebenfalls fein hacken.
2. Das Lammfleisch mit den Frühlingszwiebeln, dem Sichuanpfeffer, den Zwiebeln, dem Ingwer, dem Salz, dem Kao-Liang-Schnaps, dem Sternanis und dem Pfeffer mischen und einen Tag in einem geschlossenen Topf marinieren lassen.
3. 1 Liter Wasser zum Kochen bringen, das Lammfleisch hineingeben, 20 Minuten kochen lassen und herausnehmen.
4. Das Fleisch ganz fest in ein 1 Meter großes ausgekochtes Leinentuch wickeln, auf einen Teller legen und eine Stunde dämpfen.
5. Das Fleisch abkühlen lassen und in etwa 4 mal 6 Zentimeter große Scheiben schneiden.
6. Das Fleisch auf einen Teller legen. Die Zutaten für die Soße verrühren und in einer Reisschale danebenstellen. Die Möhren putzen und in Seidenfäden schneiden. Zusammen mit der gewaschenen Petersilie oder dem Schnittlauch auf einen kleinen Teller legen.
7. Beim Essen wird je ein Stück Lammfleisch mit der Soße übergossen und die Möhren, die Petersilie oder der Schnittlauch werden in die Fleischscheiben eingerollt.

für die Soße:

4 EL süße Bohnensoße

4 EL Zucker

4 EL Sesamöl

100 ml Reiswein

2 1/2 EL Chiliöl

außerdem:

50 g Möhren

1 Bund Petersilie oder Schnittlauch

Zubereitungszeit (ohne Zeit zum Abkühlen): ca. 100 Minuten
Zeit zum Marinieren: ca. 1 Tag

Küche der Sani in Yunnan

In einer dunklen Küche weit, weit im Süden, dort wo China an Laos grenzt, bereitet eine junge Bäuerin das Mahl ihrer Familie zu. Sie kocht in einer fensterlosen Lehmhütte, nur die Türöffnung und eine offene Feuerstelle sorgen für Licht. Der Feuerschein erleuchtet nicht nur ihr Gesicht, sondern gibt auch Aufschluß über das Bündel auf ihrem Rücken: Festgebunden in einem für Yunnan typischen Tragetuch ruht dort ein Säugling

KALTE PLATTE „ALLERLEI"
WU WEI DA PIN PAN (Sichuan)

Für 6 bis 8 Personen:

für die Ente:

1 Ente (1500 bis 1800 g)

120 g Salz

20 g Sternanis

10 g Sichuanpfefferkörner

2 Frühlingszwiebeln

240 ml Reiswein

außerdem:

50 g große chinesische Blumenpilze

300 g Schweinenacken ohne Knochen

350 g Schweinezunge

150 g frischer Ingwer

5 frische rote Chilischoten

1 EL Fünf-Gewürz-Pulver

120 ml Reiswein

240 ml helle Sojasoße

6 EL Zucker

4 EL Salz

3 EL schwarzer Pfeffer

4 EL Sesamöl

200 g große, ausgenommene Tintenfische ohne Kopf und Fangarme

10 Eigelb

1 EL Kartoffelstärke

500 g Abalonen (in Dosen)

2 große Fleischtomaten

5 Blätter Endiviensalat

Zubereitungszeit:
ca. 2 Stunden
Zeit zum Marinieren:
ca. 1 Tag
Zeit zum Auskühlen:
ca. 3 Stunden

1. Die Ente in den Gewürzzutaten 1 Tag lang ziehen lassen.
2. Am nächsten Tag 2 Liter Wasser hinzugeben und die Ente 15 Minuten lang kochen, dann 30 Minuten auf kleiner Flamme ziehen lassen. Anschließend die Ente aus dem Sud nehmen und 2 Stunden lang in den Kühlschrank stellen.
3. Die Blumenpilze zuerst 20 Minuten lang in heißem Wasser und dann 20 Minuten in kaltem Wasser einweichen. Dann haben sie ein Gewicht von etwa 180 bis 200 Gramm.
4. Den Schweinenacken und die Zunge 2 Minuten bedeckt mit Wasser kochen. Den Ingwer schälen und fein schneiden, die Chilischoten halbieren.
5. In einen 3 bis 4 Liter großen Kochtopf die Chilischoten, den Ingwer, das Fünf-Gewürz-Pulver, den Reiswein, die helle Sojasoße, den Zucker, das Salz, den schwarzen Pfeffer, das Sesamöl und 1 1/2 Liter Wasser geben und 2 Minuten durchkochen. Dann die Blumenpilze, den Schweinenacken und die Zunge dazugeben. Alles 15 Minuten kochen und dann 30 Minuten lang auf kleiner Flamme ziehen lassen.
6. Die Blumenpilze, das Fleisch und die Zunge herausnehmen und 1 1/2 Stunden in den Kühlschrank stellen, damit das Fleisch sich besser schneiden läßt.
7. Den Tintenfisch 3 Minuten lang in Wasser kochen, herausnehmen und 20 Minuten lang in kaltes Wasser geben.
8. Die Eigelbe verquirlen, eine Prise Salz, Pfeffer und die Kartoffelstärke mit 1 Eßlöffel Wasser dazugeben. Das Ganze in eine gefettete Schale gießen und die Eier 25 Minuten dämpfen.
9. Die Eigelbmasse, die abgetropften Abalonen, das Fleisch, die Pilze, den Tintenfisch und die Zunge in 1/2 Zentimeter dicke Scheiben schneiden.
10. Alles auf einem 40 Zentimeter großen Teller folgendermaßen anrichten: zunächst einen äußeren Kreis aus Scheiben von gedämpftem Eigelb, Abalonen, Schweinenacken, Schweinezunge und Blumenpilzen legen. Danach einen inneren Ring aus Tomatenscheiben und Salatblättern legen.
11. In die Mitte das Entenfleisch geben. Dazu das Fleisch von den Knochen lösen und in Scheiben schneiden. Das Schenkelfleisch nach unten und das Brustfleisch nach oben legen.

Tip

Dieses Gericht kommt vorwiegend bei Hochzeiten und anderen feierlichen Anlässen auf den Tisch. Gerade hier wird Wert auf eine schöne Dekoration gelegt, für die sich der Kochmeister persönlich verantwortlich fühlt. Die einzelnen Zutaten können auch auf gesonderten kleineren Tellern angerichtet und dann um das Hauptgericht, die Ente, angeordnet werden.

SCHWEINEFLEISCH IN AUSTERNSOSSE

SUAN NI BAI RON (Sichuan und Kanton)

Für 4 Personen:

4 kleine Lauchstangen

40 g frischer Ingwer

1000 g Schweinebauch oder -nacken ohne Knochen

10 g Sternanis und Sichuanpfefferkörner

1. Die Lauchstangen putzen und waschen. Den Ingwer schälen und mit dem Küchenbeil zerschlagen.
2. Den Schweinebauch mit den Lauchstangen, dem Ingwer, dem Sternanis und den Sichuanpfefferkörnern in einen Topf geben. So viel Wasser dazugeben, daß alles bedeckt ist und 30 Minuten kochen lassen. Dann das Fleisch herausnehmen.
3. Die Austernsoße, den Zucker, den geschälten, fein gehackten Knoblauch und Ingwer, das Chiliöl, das Glutamat, den Sichuanpfeffer, Sesamöl, Reiswein, Essig und 5 Eßlöffel Wasser in eine Schüssel geben. Das Weiße vom Lauch putzen, waschen und sehr dünn schneiden, dazugeben und vermischen.
4. Jetzt das noch heiße gekochte Schweinefleisch in hauchdünne Scheiben schneiden und auf einen Teller legen. Zum Schluß die Soße über das Fleisch gießen und erkalten lassen.

für die Soße:

120 ml Austernsoße

5 EL Zucker

2 Knoblauchzehen

20 g frischer Ingwer

5 EL Chiliöl

1 Prise Glutamat

$1/2$ TL Sichuanpfeffer, gemahlen

3 EL Sesamöl

5 EL Reiswein

2 EL Essig (5 %)

ein kleines Stück vom weißen Teil des Lauchs

Zubereitungszeit (ohne Zeit zum Abkühlen): ca. 40 Minuten

Meisterkoch in einem Restaurant in Leshan

STANGENSELLERIESALAT

LIANG BAN QIN CAI (Kanton)

Für 4 Personen:

500 g Stangensellerie

knapp 3 EL Wasabi (grünes Meerrettichpulver

4 EL Öl

2 EL Zucker

$1/2$ EL Salz

1 Prise Glutamat

2 TL Kartoffelstärke

Zubereitungszeit: ca. 35 Minuten
Zeit zum Ziehen: ca. 80 Minuten

1. Den Stangensellerie durchbrechen, die äußeren und inneren Fasern abziehen. Die Selleriestangen in 4 Zentimeter große Stücke schneiden und 1 Stunde in kaltes Wasser legen.
2. Anschließend den Stangensellerie 4 Minuten in 1 Liter kochendes Wasser geben.
3. Das Meerrettichpulver mit 4 Eßlöffeln lauwarmem Wasser in einer kleinen Reisschale oder Tasse verrühren, abdecken und 5 bis 10 Minuten ziehen lassen.
4. Eine Pfanne oder einen Wok auf mittlerer Flamme erhitzen. Das Öl, 5 $1/2$ Eßlöffel Wasser, den Zucker, das Salz, das Glutamat und die Kartoffelstärke hineingeben, kurz erhitzen und mehrmals durchrühren. Die Soße ebenfalls in eine Reisschale geben und abkühlen lassen.
5. Die kalte Soße mit der Senfmasse verrühren und mit den Stangenselleriestücken vermischen.
6. Den Salat 20 Minuten in den Kühlschrank stellen. Dann kann das Gericht serviert werden.

Tip
Dieses Gericht gilt in China als Sommeressen, das bevorzugt zu kalten Fleischgerichten gereicht wird.

GEWÜRZTES RINDFLEISCH

LU NIO VON (Peking)

Für 4 Personen:

800 g Rindfleisch
(Hohe Rippe oder Nacken)

für den Sud:

5 rote Chilischoten

150 g frischer Ingwer

1 EL Fünf-Gewürz-Pulver

120 ml Reiswein

240 ml helle Sojasoße

6 EL Zucker

4 EL Salz

3 EL schwarzer Pfeffer

4 EL Sesamöl

1 Tüte Gewürzmischung

1. Das Rindfleisch 2 Minuten in heißem Wasser kochen.
2. In einen etwa 4-Liter großen Topf die Chilischoten, den geschälten und fein geschnittenen Ingwer, das Fünf-Gewürz-Pulver, den Reiswein, die helle Sojasoße, den Zucker, das Salz, den schwarzen Pfeffer, das Sesamöl, die Gewürzmischung und 2 Liter Wasser geben und 5 Minuten kochen lassen. Anschließend das Rindfleisch hineingeben. Den Topf abdecken.
3. Das Ganze 20 Minuten lang kochen, anschließend 30 Minuten auf kleiner Flamme ziehen lassen, damit das Gewürz in das Fleisch einzieht. Zum Schluß das Rindfleisch herausnehmen und etwa 2 Stunden bei Zimmertemperatur abkühlen lassen.
4. Das Fleisch in 3 mal 5 Zentimeter große und 1/2 Zentimeter dicke Scheiben schneiden.
5. Die gewaschenen Salatblätter auf einem großen Teller anrichten. Die Soße aus scharfer Sojasoße, heller Sojasoße, Sesamöl und der entkernten, fein gehackten Chilischote anrühren und in einer Reisschale bereitstellen.
6. Die Fleischscheiben dekorativ auf den Salatblättern anrichten.

zum Anrichten:

5 Blätter Kopfsalat

für die Soße:

5 EL scharfe Sojasoße

2 EL helle Sojasoße

1 EL Sesamöl

1 große frische Chilischote

Zubereitungszeit:
ca. 70 Minuten
Zeit zum Abkühlen:
ca. 2 Stunden

Tip
Diese kalte Platte ist in China sehr beliebt. Dazu trinkt man gerne Kao-Liang-Schnaps und knabbert Nüsse. Der Gewürzsud läßt sich noch für viele andere Gerichte verwenden, zum Beispiel für Eier- und Entenmagengerichte sowie für Speisen aus getrocknetem Tofu. Dieses Gericht wird auch Schulkindern als Mittagessen mitgegeben.

水牛

Der Wasserbüffel dient im Süden den Bauern als genügsamer „Traktor": gekonnt zieht er den hölzernen Pflug durch die überfluteten Reisfelder, transportiert Lasten und läßt sich anstandslos von Bauernkindern versorgen. Vor den Kindern senkt er gar willig sein schweres Haupt, damit sie über die Stirn auf seinen Rücken klettern können

Wasserbüffel in Kanton

GEDÄMPFTE LANGUSTEN MIT INGWERSOSSE

LONG XIA SA LA (Shanghai)

Für 3 Personen:

3 kleine Langusten
(à 600 bis 800 g)

50 g frischer Ingwer

2 Frühlingszwiebeln

8 EL Reiswein

1. Die Langusten auf einen Teller legen, den Ingwer schälen, mit dem Küchenbeil zerschlagen, die Frühlingszwiebeln waschen, längs halbieren und mit dem Ingwer auf die Langusten legen. Mit dem Reiswein beträufeln.
2. Alles etwa 15 bis 20 Minuten dämpfen.
3. Den Ingwer schälen, fein hacken und mit dem Essig, dem Zucker, 8 Eßlöffeln Wasser, dem Sesamöl mischen und als Beilage in einer Schale zu den erkalteten Langusten servieren.

Tip
Die Langusten dürfen nicht zu lange gedämpft werden, da das Fleisch sonst zu zäh wird. Garnieren Sie das Langustenfleisch mit Gurken- und Orangenscheiben.

für die Soße:

20 g frischer Ingwer

3 EL weißer Essig (5 %)

3 EL Zucker

2 EL Sesamöl

Zubereitungszeit (ohne Zeit zum Abkühlen):
ca. 35 Minuten

KALTE PLATTE MIT JAKOBS-MUSCHELN, TIEFSEEGARNELEN UND TINTENFISCH

LIANG BAU SAN XIAN (Kanton)

Lebensmittelgeschäft in Hongkong

1. Den Tintenfisch waschen, trockentupfen, die Fangarme mit dem Kopf aus dem Körper herausziehen. Die Arme vom Kopf abschneiden. Den Körper aufschneiden und den Schulp entfernen. Das Tintenfischfleisch anschließend rautenförmig einschneiden und in 6 Zentimeter große Würfel schneiden.
2. Die Köpfe der Tiefseegarnelen abdrehen, die Körper aus den Schalen lösen und den dunklen Darm am Rücken herausschneiden. Die Garnelen halbieren.
3. Die Rogen und die Muskeln der Jakobsmuscheln halbieren.
4. Den Spargel putzen und halbieren. 2 Minuten in kochendem Salzwasser blanchieren. Herausnehmen und die Spargelspitzen und die Spargelenden getrennt beiseite stellen.
5. Die Jakobsmuscheln, die Garnelen und die Tintenfischstücke und die Arme in das heiße Spargelwasser geben und 2 Minuten kochen lassen. Dann in kaltem Wasser 5 Minuten abkühlen lassen. Herausnehmen und auf ein Sieb legen.
6. Alle Zutaten bis auf die Spargelspitzen in eine große Schale geben und mit der Sojasoße, der Chilisoße und dem Zucker gut verrühren.
7. Das Ganze auf die Mitte eines hübschen Tellers legen und mit den Spargelspitzen, den Tomatenecken und der Petersilie garnieren.

Für 2 Personen:

300 g frischer Tintenfisch

6 große Tiefseegarnelen

6 ausgelöste, küchenfertige frische Jakobsmuscheln

18 Stangen grüner Spargel

1 Prise Salz

3 EL saure Sojasoße

1 EL Chilisoße

1 TL Zucker

2 Tomaten

etwas Petersilie

Zubereitungszeit:
ca. 30 Minuten

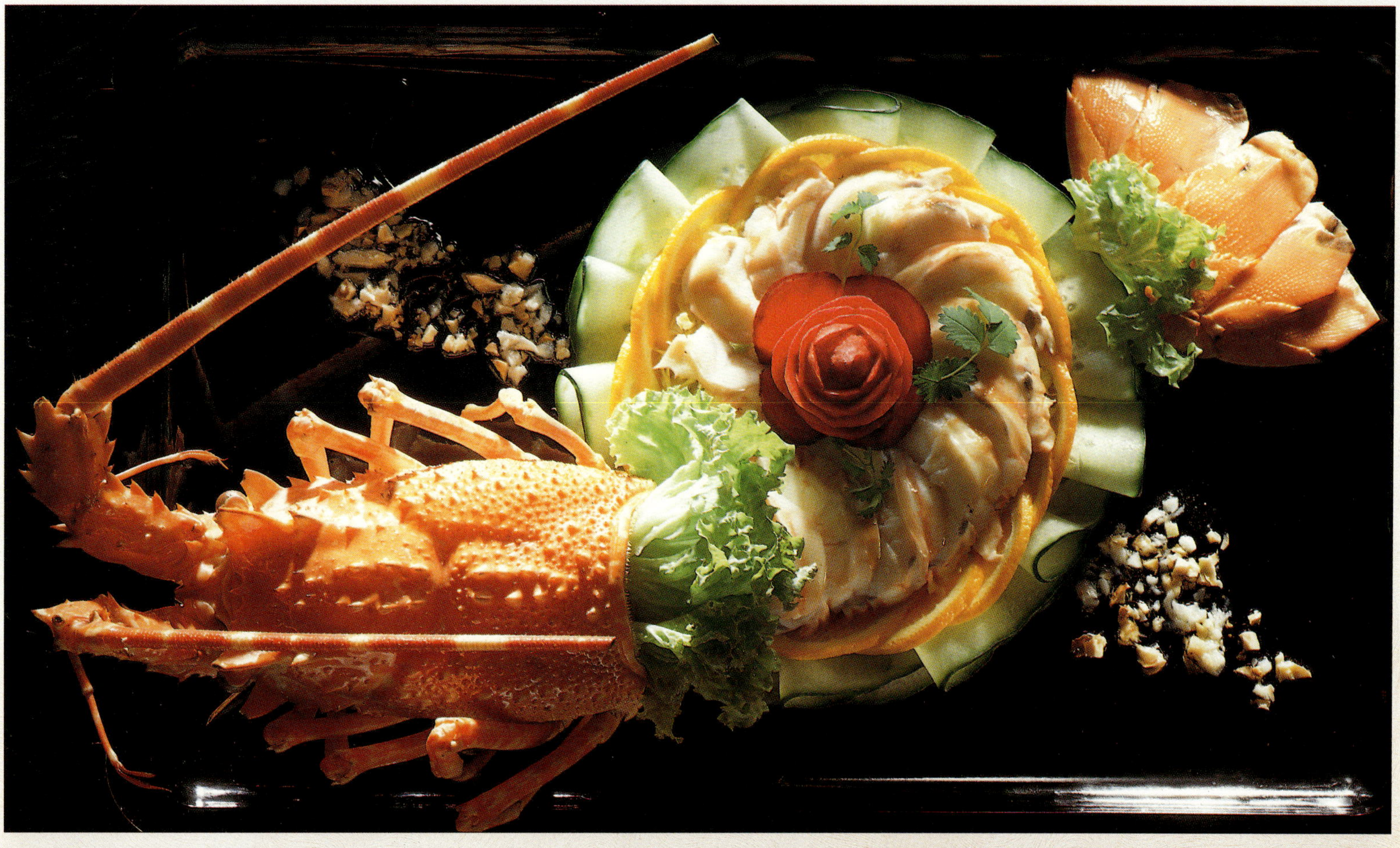

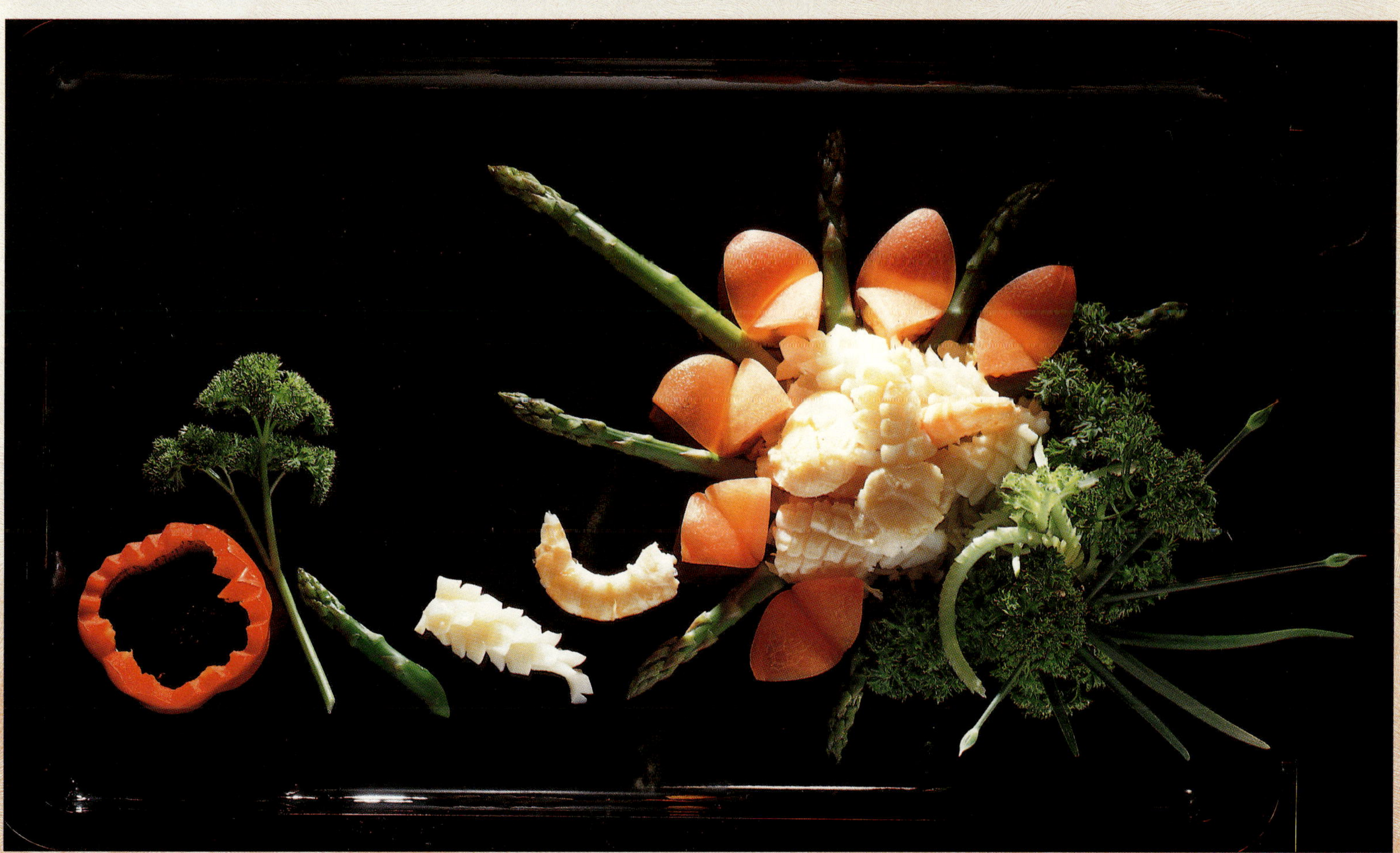

SEETANGSALAT

HAI DA LIANG BAU (Kanton)

Für 2 Personen:

50 g Seetang

100 g Rettich

20 g frischer Ingwer

1 Frühlingszwiebel

2 Orangen

2 Zitronen

1 TL Sesam

1 TL Salz

1 EL scharfe Sojasoße

2 TL Zucker

1/2 TL Pfeffer

2 El Öl

Zubereitungszeit:
ca. 25 Minuten
Zeit zum Einweichen
und Kühlen:
ca. 27 Stunden

1. Den Seetang 2 Stunden in Wasser quellen lassen, in feine Streifen schneiden und 24 Stunden in Wasser ziehen lassen.
2. Am nächsten Tag 10 Minuten in viel Wasser kochen, dann nochmals 1 Stunde in kaltem Wasser ziehen lassen. Herausnehmen und auf einem Sieb gut abtropfen lassen.
3. Den Rettich waschen, putzen und in Streifen schneiden. 30 Minuten in kaltem Wasser ziehen lassen.
4. Den Ingwer schälen und hacken, die Frühlingszwiebeln putzen und klein schneiden. Die Orangen und die Zitronen auspressen. Alles mit den restlichen Zutaten verrühren.
5. Diese Soße über den Seetang gießen. Alles 20 Minuten im Kühlschrank kaltstellen. Dann auf dem Rettich anrichten.

TINTENFISCH
MIT INGWERSOSSE

SA LA HUA ZHI (Kanton)

1. Die Tintenfische putzen, den Kopf und die Fangarme abtrennen und das Fleisch im Rhombenmuster von außen einschneiden, anschließend halbieren oder dritteln. Dann den Tintenfisch in 4 Zentimeter lange, rautenförmige Stücke schneiden.

2. Die Stücke 1 bis 2 Minuten in kochendheißes Wasser geben und anschließend sofort 20 Minuten in kaltes Wasser legen.

3. Den Ingwer schälen, die Chilischote halbieren und die Kerne entfernen. Die Frühlingszwiebel putzen. Ingwer, Chilischote und das Weiße der Frühlingszwiebel fein hacken.

4. Den Ingwer, die Chilischoten, das Weiße der Frühlingszwiebel, Essig, Zucker, Glutamat, Sesamöl, helle Sojasoße, weißen Pfeffer und 4 Eßlöffel Wasser gut vermischen.

5. Die Soße über die Tintenfischstücke gießen und das Gericht eventuell mit Gurken dekoriert servieren.

Für 4 Personen:

600 g Tintenfisch

10 g frischer Ingwer

½ große frische Chilischote

1 Frühlingszwiebel

1 ½ EL Essig (25 %)

2 EL Zucker

1 Prise Glutamat

1 EL Sesamöl

5 EL helle Sojasoße

¼ TL weißer Pfeffer

Zubereitungszeit:
ca. 60 Minuten

Tip
Dieses Gericht wird vorwiegend im Sommer gegessen. Achten Sie darauf, daß der Tintenfisch ganz frisch ist. Dazu ißt man nur wenig Reis.

KALTE GARNELENPLATTE MIT VIER VERSCHIEDENEN SOSSEN

SI WEI XIA PIAN (Shanghai)

Für 4 Personen:

12 große Garnelen

20 g frischer Ingwer

1 Frühlingszwiebel

2 EL Salz

120 ml Reiswein

zum Anrichten:

Gurkenscheiben

Scheiben von einer unbehandelten Zitrone

für die Soße 1:

Öl zum Ausschwenken

3 EL Öl

1 bis 2 Knoblauchzehen

1/2 EL Chilisoße oder Sambal

1 EL Tomatenketchup

1 Prise Salz

1 EL Zucker

1 Prise Glutamat

1/2 TL weißer Pfeffer

2 EL Reiswein

10 g frischer Ingwer

1/2 TL Kartoffelstärke, mit 2 EL Wasser verrührt

Sesamöl nach Belieben

für die Soße 2:

1 bis 2 Knoblauchzehen

2 EL Sesampaste

1/2 EL Essig (25%)

6 EL Wasser

1 EL Sojasoße

1 TL Chiliöl

1/2 TL weißer Pfeffer

1. 1 Liter Wasser zum Kochen bringen. Den Ingwer schälen, die Frühlingszwiebel putzen und beides klein schneiden. Das Salz und den Reiswein mit den Frühlingszwiebeln und dem Ingwer zum Wasser geben, 2 Minuten kochen lassen und die Garnelen hineingeben. 4 bis 5 Minuten lang kochen und dann sofort im kalten Wasser 30 Minuten abkühlen lassen.
2. Die Köpfe der Garnelen abbrechen, die Garnelen schälen und einmal längs durchschneiden. Mit Gurken und Zitronenscheiben schön auf einem Teller anrichten.
3. Zur Zubereitung der ersten Soße eine heiße Pfanne oder einen Wok zweimal mit Öl ausschwenken. Darin das Öl leicht erhitzen. Den fein gehackten Knoblauch und die Chilisoße hineingeben und umrühren. Dann Tomatenketchup, Salz, Zucker, Glutamat, Pfeffer, Reiswein, geschälten fein gehackten Ingwer und die Kartoffelstärke hinzugeben. Eventuell noch etwas Sesamöl hinzufügen und 1 bis 2 Minuten kochen lassen.
4. Für die zweite und die dritte Soße die geschälten Knoblauchzehen, das Weiße der Frühlingszwiebel und die Petersilie fein hacken und mit den jeweiligen Soßenzutaten verrühren.
5. Für die vierte Soße das Meerrettichpulver mit 1 1/2 Eßlöffeln lauwarmem Wasser verrühren und zugedeckt 5 bis 10 Minuten ziehen lassen, dann die Sojasoße unterrühren.

Variation

Dieses Gericht gilt in China als Festessen. Man kann anstelle der Garnelen 500 Gramm Schweinenacken nehmen. Das Fleisch wird 30 Minuten lang gekocht und dann in hauchdünne Scheiben geschnitten.

für die Soße 3:

das Weiße einer Frühlingszwiebel

1 Knoblauchzehe

einige Zweige Petersilie

1 EL Austernsoße

1 1/2 EL Zucker

5 EL Reiswein

1 Prise Glutamat

2 EL Sesamöl

für die Soße 4:

1 EL Wasabi (grünes Meerrettichpulver)

1 1/2 EL helle Sojasoße

Zubereitungszeit: ca. 40 Minuten
Zeit zum Abkühlen: ca. 30 Minuten

Fischverkäuferin auf dem Freien Markt in Hongkong

肉類

FLEISCH

NI-BA-SCHWEINEFLEISCH

NI BA SHAO ROU (Kanton)

Für 3 bis 4 Personen:

550 bis 600 g magerer Schweinebauch oder Schweinenacken

für die Marinade:

2 EL helle Sojasoße

120 ml Reiswein oder 5 EL Cognac

1 1/2 EL Zucker

1 1/2 TL Salz

1 Prise Glutamat

1/2 TL weißer Pfeffer

1 TL gemahlener Zimt

außerdem:

4 Eigelb

Öl zum Ausschwenken und Fritieren

1 Prise Glutamat

2 TL Kartoffelstärke mit 3 EL Wasser verrührt

5 EL Sesamöl

Zubereitungszeit:
ca. 1 1/2 Stunden
Zeit zum Marinieren:
ca. 2 Stunden

Tip
Ni-Ba ist die chinesische Bezeichnung für Erdfarbe, die das Fleisch in diesem Gericht durch das Fritieren erhält.

1. Den Schweinebauch in 3 Zentimeter große Würfel schneiden, in eine Schüssel geben und die Zutaten der Marinade hinzugeben. Das Fleisch 2 Stunden ziehen lassen.
2. Nun das Fleisch aus der Soße nehmen und gut abtropfen lassen. Anschließend in eine Schüssel geben und mit den Eigelben verrühren.
3. Eine Pfanne oder einen Wok erhitzen, zweimal mit Öl ausschwenken. 1 bis 1 1/2 Liter Öl zum Fritieren hineingeben und sehr heiß werden lassen. Die Fleischstücke darin so lange fritieren, bis sie dunkelbraun sind. Herausnehmen und in eine große Schüssel geben.
4. Nun die restliche Marinade zu dem Fleisch geben, nicht verrühren und die Schüssel mit einem Deckel oder einem Teller verschließen. Anschließend eine Stunde dämpfen.
5. Die Soße in eine Pfanne oder einen Wok gießen und das Fleisch vorsichtig auf einen Teller geben.
6. Das Glutamat, die angerührte Kartoffelstärke und das Sesamöl zur Soße geben, 1 Minute kochen lassen und anschließend über das Fleisch gießen.

SCHWEINSHAXE CHINESISCH

HONG SHAO ZHU JIAO (Kanton)

Für 3 Personen:

1 große Schweinshaxe (ca. 1500 g)

2 Frühlingszwiebeln

10 g frischer Ingwer

für die Soße:

Öl zum Ausschwenken und Braten

4 Sternanis

8 EL dunkle Sojasoße

120 ml Reiswein oder 5 EL Kao-Liang-Schnaps

4 EL Zucker

1/2 Reisschale karamelisierter Zucker

2 l Hühnerbrühe

1 Prise Glutamat

2 TL schwarzer Pfeffer

1 1/2 bis 2 TL Salz

Zubereitungszeit:
ca. 2 1/2 Stunden

1. 2 Liter Wasser zum Kochen bringen, die Schweinshaxe hineingeben und 5 Minuten kochen lassen. Herausnehmen und das Wasser wegschütten.
2. Die Frühlingszwiebeln und den Ingwer putzen und schälen. Das Weiße der Frühlingszwiebeln in 3 Zentimeter große Stücke schneiden, den Ingwer mit dem Küchenbeil zerschlagen.
3. Einen Topf oder einen großen Wok erhitzen, zweimal mit Öl ausschwenken. Dann 8 Eßlöffel Öl hinzugeben und den Ingwer, die Frühlingszwiebeln und den Sternanis darin kurz unter Rühren braten.
4. Jetzt die Sojasoße, den Reiswein, den Zucker, den karamelisierten Zucker, die Hühnerbrühe, das Glutamat, den schwarzen Pfeffer und das Salz hinzugeben. Nun alles erhitzen. Das Fleisch hineingeben.
5. Die Haxe auf mittlerer Flamme 1 1/2 bis 2 Stunden kochen lassen. Dabei das Fleisch alle 30 Minuten wenden. Während des Kochvorgangs verdampft die Flüssigkeit langsam und die Soße dickt etwa auf die Menge von 1 1/2 Reisschalen ein. Das Fleisch anschließend herausnehmen.
6. Die Soße nochmals kurz aufkochen lassen. Wenn jetzt die Soße richtig eingedickt ist, die restlichen 5 Eßlöffel Öl hinzugeben und die Soße über die Schweinshaxe gießen.

FRITIERTES SCHWEINEFILET

GUO TIE LIU ROU (Peking)

Für 3 Personen:

450 g Schweinefleisch
(Filet oder Schnitzelfleisch)

5 g frischer Ingwer

1 Frühlingszwiebel

2 Knoblauchzehen

240 ml Reiswein

1 Prise Glutamat

1 TL weißer Pfeffer

2 EL helle Sojasoße

2 EL Sesamöl

1 TL Salz

8 Scheiben ungeräucherter
Schweinespeck (30 cm lang,
5 cm breit und 2 mm dick)

60 g Mehl, mit der gleichen
Menge Wasser verrührt

Kartoffelstärke zum Wenden

Öl zum Ausschwenken und
Fritieren

1. Das Schweinefleisch in 15 Zentimeter lange, 5 Zentimeter breite und ¹/₂ Zentimeter dicke Scheiben schneiden. Diese Scheiben mit einem Fleischklopfer möglichst flach klopfen.
2. Den Ingwer, die Frühlingszwiebel und die Knoblauchzehen schälen und fein hacken. Mit dem Reiswein, dem Glutamat, dem Pfeffer, der Sojasoße, dem Sesamöl und dem Salz verrühren. In eine große Schüssel geben.
3. Das Fleisch und den Speck hineingeben und 2 Stunden ziehen lassen.
4. Die Speckstreifen in der Hälfte knicken, die Filetstreifen dazwischenlegen und die Soße abtropfen lassen.
5. Die Speck-Fleisch-Stücke einzeln zuerst in die Mehl-Wasser-Mischung tauchen, abtropfen lassen und dann in Kartoffelstärke wenden.
6. Einen Topf oder einen Wok erhitzen, zweimal mit Öl ausschwenken. Dann 1 Liter Öl hineingeben und auf mittlerer Flamme heiß werden lassen.
7. Jeweils zwei Speck-Fleisch-Stücke in das Öl geben und so lange braten, bis die Stücke dunkelbraun geworden sind. Dies dauert 15 bis 17 Minuten. Die Stücke jeweils nach 4 Minuten wenden. Zum Schluß noch einmal alle Stücke zusammen kurz fritieren.
8. Die fertig gebratenen Stücke auf einem Sieb abtropfen lassen, dann auf einen Teller legen und jeweils in drei gleich große Stücke schneiden.
9. Die Zutaten für den Tsiau-Jien-Pfeffer in einer Reisschale gut vermischen. Die Pfeffermischung über die Fleischstücke streuen und servieren.

für den Tsiau-Jien-Pfeffer:

1 TL weißer Pfeffer

1 TL Sichuanpfeffer,
gemahlen

¹/₂ TL Glutamat

¹/₂ TL Salz

¹/₂ TL Knoblauchpulver

Zubereitungszeit:
ca. 2 ¹/₂ Stunden
Zeit zum Marinieren:
ca. 2 Stunden

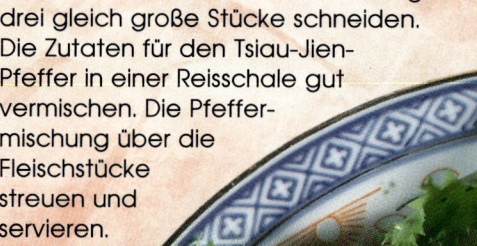

SCHWEINEFLEISCH MIT BOHNEN

RON PIAN CHAO QING DUO (Peking)

1. Das Schweinefleisch in dünne Streifen schneiden und 30 Minuten marinieren lassen.
2. Die Bohnen waschen und in 4 Zentimeter lange Stücke brechen. Den Knoblauch schälen und fein hacken.
3. Die Pfanne oder den Wok erhitzen, zweimal mit Öl ausschwenken. Anschließend 1 Liter Öl erhitzen und das Schweinefleisch und dann die Bohnen nacheinander 1 Minute fritieren. Herausnehmen und beiseite stellen. Das Öl abgießen.
4. Die Pfanne oder den Wok erneut erhitzen und mit Öl ausschwenken. 8 Eßlöffel Öl hineingeben und heiß werden lassen.
   Den Knoblauch 15 Sekunden lang darin anbraten, dann das Fleisch und die Bohnen dazugeben. Nach weiteren 1 1/2 Minuten das Ganze mit Zucker, Pfeffer, Sojasoße, Salz und Glutamat abschmecken.
5. Anschließend die Hühnerbrühe hinzufügen und zum Kochen bringen. Die angerührte Kartoffelstärke hineinrühren, kurz aufkochen lassen und das Gericht zum Schluß mit dem Sesamöl beträufeln.

Für 2 Personen:

400 g Schweinefleisch (Filet oder Nacken)

Marinade (Seite 36)

Öl zum Ausschwenken, Fritieren und Braten

200 g grüne Bohnen (eventuell Tiefkühlprodukt)

2 Knoblauchzehen

2 EL Zucker, 1 TL Pfeffer

1 EL Sojasoße

2 TL Salz

1 Prise Glutamat

200 ml Hühnerbrühe oder Wasser

2 TL Kartoffelstärke, mit 6 EL Wasser verrührt

2 TL Sesamöl

Zubereitungszeit:
ca. 30 Minuten
Zeit zum Marinieren:
ca. 30 Minuten

GESCHMORTER SCHWEINENACKEN

HONG SHAO ZHU JING (Peking)

Für 3 Personen:

700 bis 720 g Schweine-nacken

20 g frischer Ingwer

2 frische rote Chilischoten

1 Frühlingszwiebel

Öl zum Ausschwenken und Fritieren

Fleischerei in Hongkong

für die Soße:

8 EL Öl

60 ml helle Sojasoße

3 große Sternanis

1/2 Reisschale karamelisierter Zucker

120 ml Reiswein

240 ml Hühnerbrühe

3 EL Zucker

1 TL Salz

1 TL weißer Pfeffer

1 Prise Glutamat

5 EL Sesamöl

Zubereitungszeit:
ca. 55 Minuten

1. Das Fleisch in 2 Zentimeter große Würfel schneiden. Den geschälten Ingwer und die Chilischoten mit einem Küchenbeil zerschlagen. Das Weiß der Frühlingszwiebel in 3 Millimeter große Stücke schneiden.
2. Eine Pfanne oder einen Wok erhitzen, mit Öl zweimal ausschwenken. 1 Liter Öl hineingeben und auf großer Flamme heiß werden lassen. Nun das Fleisch hineingeben und so lange fritieren, bis es leicht braun wird, etwa 3 Minuten lang. Anschließend das Fleisch herausnehmen und auf einem Sieb abtropfen lassen.
3. Eine zweite Pfanne oder einen Wok erhitzen, zweimal mit Öl ausschwenken. Das Öl für die Soße hineingeben und erhitzen. Anschließend den Ingwer, den Sternanis, die Chilischoten und die Frühlingszwiebeln in die Pfanne geben und 1 Minute braten.
4. Jetzt das Fleisch dazugeben und ebenfalls unter ständigem Rühren 1 Minute braten. Danach die helle Sojasoße hinzugeben und nochmals 1 Minute braten.
5. Nun den karamelisierten Zucker hinzugeben und unter ständigem Rühren 1 weitere Minute braten.
6. Den Reiswein, die Hühnerbrühe, den Zucker, das Salz, den Pfeffer und das Glutamat hinzufügen, die Pfanne oder den Wok abdecken und das Ganze 5 Minuten auf großer Flamme kochen lassen. Danach die Hitze reduzieren und weitere 25 bis 30 Minuten auf kleiner Flamme köcheln lassen. Danach erneut auf großer Flamme 2 Minuten durchkochen und das Sesamöl hinzugeben.

Variation
Dieses Gericht kann auch mit in Scheiben geschnittenem Rettich oder mit chinesischen Pilzen gekocht werden. Das Gemüse wird dann zusammen mit dem fritierten Fleisch in die Pfanne gegeben. Wenn die Soße zum Schluß noch nicht richtig eingedickt ist, kann man etwa 1 Teelöffel Kartoffelstärke, verrührt mit 2 Eßlöffeln Wasser, dazugeben.

GEDÄMPFTE DICKE RIPPE

ZI PAI (Peking)

1. Die Möhren putzen und in etwa 10 Zentimeter lange und 3 Zentimeter breite Stücke schneiden.
2. Die Rippenstücke in dem Öl 5 Minuten lang fritieren und herausnehmen. Die Möhrenstücke ins heiße Öl geben und 2 Minuten fritieren. Herausnehmen und beiseite stellen.
3. Die Lauchstangen putzen und quer halbieren. Den Ingwer schälen und in 4 Stücke teilen.
4. Eine Pfanne oder einen Wok erhitzen, zweimal mit Öl ausschwenken. 12 Eßlöffel Öl in die Pfanne geben und heiß werden lassen. Jetzt den Lauch, den Ingwer und die Chilischoten dazugeben und unter Rühren braten, bis sich die Zutaten leicht verfärben. Nun die fritierten Rippen- und Möhrenstücke dazugeben und $^1/_2$ Minute braten.
5. Den Reisweinsatz, die Sojabohnenpaste, den Zucker, das Glutamat, das Salz, die Sojasoße, den Pfeffer und die Hühnerbrühe hinzugeben. Das Ganze 5 Minuten kochen lassen und anschließend noch 15 Minuten bei kleiner Flamme schmoren lassen.
6. Zuerst die Rippen herausnehmen und in eine große Schale legen. Jetzt die Möhren herausnehmen und auf die Rippen legen. Nun die verbliebene Soße ohne Lauch, Ingwerstücke und Chilischoten über die Rippenstücke gießen. Die Schale mit einem Deckel verschließen und das Fleisch 1 $^1/_2$ Stunden dämpfen. Je länger das Gericht über Dampf gegart wird, desto weicher wird das Fleisch und desto besser ziehen die Gewürze durch. Das Fleisch anschließend kalt stellen.
7. Am nächsten Tag erneut 1 Stunde dämpfen.
8. Eine Pfanne oder einen Wok auf großer Flamme erhitzen, bis sie heiß ist. Nun die Soße aus der Schale in die Pfanne geben. Den karamelisierten Zucker, die Sojasoße und das Glutamat dazugeben und erhitzen, bis die Soße anfängt zu kochen.
9. Die angerührte Kartoffelstärke dazugeben. So lange weiterkochen, bis die Soße eingedickt ist. Nun das Öl hineingeben und kurz weiterkochen.
10. Den Spinat putzen und blanchieren. Das Fleisch auf einem Spinatbett anrichten.
11. Die Soße über die Rippen gießen und servieren.

Für 4 Personen:

100 g Möhren

900 g Schweineripppe, in 10 cm lange Stücke gehackt

1 l Öl zum Fritieren

3 kleine Lauchstangen

50 g Ingwer

Öl zum Ausschwenken und Braten

5 frische Chilischoten

für die Soße:

120 ml Reisweinsatz

5 EL scharfe Sojabohnen-paste oder Sambal

4 EL Zucker

1 Prise Glutamat

1 $^1/_2$ TL Salz

3 EL Sojasoße

1 $^1/_2$ TL weißer Pfeffer

240 ml Hühnerbrühe

außerdem:

2 EL karamelisierter Zucker

1 EL Sojasoße

1 Prise Glutamat

1 TL Kartoffelstärke, mit 5 TL Wasser verrührt

5 EL Öl

100 g frischer Blattspinat

Zubereitungszeit: ca. 3 $^1/_2$ Stunden
Zeit zum Ziehen: mindestens 12 Stunden

SCHWEINEFLEISCH MIT BAMBUSSPROSSEN

BA BAO LA JIANG (Shanghai)

Für 2 Personen:

160 g Schweinefleisch
(Nacken oder Kotelettfleisch)

120 g Bambussprossen

60 g Schinken

60 g grüne Paprikaschote

60 g rote Paprikaschote

100 g vorbereitete chinesische Blumenpilze
(Seite 44, ca. 30 g Trockengewicht)

2 Knoblauchzehen

Öl zum Ausschwenken und Braten

2 EL Sambal

80 g frische oder tiefgekühlte Erbsen

Tip
Das Gericht sieht hübsch aus, wenn Sie es auf Gurken-, Radieschen- und Orangenscheiben anrichten.

1. Das Schweinefleisch zunächst 15 Minuten lang in Wasser kochen, dann herausnehmen und abkühlen lassen. Anschließend in 1 Zentimeter große Würfel schneiden.
2. Die Bambussprossen, den Schinken, die geputzten Paprikaschoten und die Pilze in $1/2$ Zentimeter große Würfel schneiden. Die Knoblauchzehen schälen und fein hacken.
3. Eine Pfanne oder einen Wok erhitzen, mit Öl zweimal ausschwenken. Das Gemüse und die Pilze in wenig Öl unter Rühren kurz braten. Herausnehmen und beiseite stellen.
4. 10 Eßlöffel Öl in die Pfanne oder den Wok geben, erhitzen und den Knoblauch und den Sambal 15 Sekunden lang darin anbraten. Dann das Fleisch und das ganze Gemüse hinzugeben und 2 $1/2$ Minuten unter Rühren braten.
5. Die süße Bohnensoße, den Zucker, die Sojasoße, den Pfeffer, das Glutamat und das Salz dazugeben. Die Hühnerbrühe hinzufügen, zum Kochen bringen und mit der angerührten Kartoffelstärke andicken. Das Gericht zum Schluß mit Sesamöl beträufeln und die Erdnüsse darüberstreuen.

2 EL süße Bohnensoße

3 EL Zucker

2 EL Sojasoße

$1/2$ TL Pfeffer

1 Prise Glutamat

$1/2$ TL Salz

$1/4$ l Hühnerbrühe oder Wasser

3 TL Kartoffelstärke, mit 6 EL Wasser verrührt

2 TL Sesamöl

100 g gesalzene und geröstete Erdnüsse

Zubereitungszeit:
ca. 35 Minuten

猪
肉

**Geweihte Schweinekost für eine
taoistische Gottheit**

Obwohl es als behäbig und
verfressen gilt, gehört das
dicke schwarze Schwein –
wenn auch als letztes – zu den
zwölf auserlesenen Tieren des
chinesischen Tierkreises. In den
alten Sagen taucht ein
menschlich anmutendes
Schwein namens Zhubajie
neben dem wundersamen
Affenkönig Sun Wukong als ein-
fältiger Hanswurst auf

Für 3 Personen:

für das Fleisch:

500 g Schweinefleisch ohne Knochen (am besten vom Nacken)

1 Prise Salz

1 Prise Zucker

1 Prise Pfeffer

1 TL Sojasoße

1 Reisschale Kartoffelstärke, mit 3 EL Mehl gemischt

außerdem:

Öl zum Ausschwenken und Fritieren

20 g Frühlingszwiebeln

5 g frischer Ingwer

Schweineschmalz oder Öl zum Braten

5 EL Reiswein

240 ml Hühnerbrühe

1 TL weißer Pfeffer

2 EL Zucker

5 EL Sojasoße

1 ½ EL Essig (25 %)

Zubereitungszeit:
ca. 80 Minuten
Zeit zum Marinieren:
ca. 10 Minuten

LITSCHI-SCHWEINE-FLEISCH

LI ZHI ZHU ROU (Kanton)

1. Das Fleisch mit einem Fleischklopfer plattschlagen und in 1 Zentimeter dicke, 1 Zentimeter breite und 5 Zentimeter lange Streifen schneiden. Nun die Streifen längs und quer einritzen.
2. Die Fleischstreifen mit Salz, Zucker, Pfeffer und Sojasoße würzen und 10 Minuten ziehen lassen.
3. Anschließend die Fleischstreifen einzeln im Kartoffelstärke-Mehl-Gemisch wenden.
4. Einen Topf oder einen Wok erhitzen, zweimal mit Öl ausschwenken. Das Öl zum Fritieren darin auf mittlerer Flamme erhitzen. Nun die Fleischstreifen etwas schütteln, damit die überflüssige Kartoffelstärke abfällt und einzeln ins heiße Öl geben. So lange fritieren, bis die Streifen braun werden, das dauert etwa 10 Minuten. Dann herausnehmen und ruhen lassen, bis alle Streifen fritiert sind.
5. Nun alle Fleischstreifen zusammen ins heiße Öl geben und etwa 4 Minuten fritieren, bis sie dunkelbraun sind. Die Fleischstreifen herausnehmen.
6. Die Frühlingszwiebeln putzen und 5 Zentimeter lange Stücke schneiden. Den Ingwer schälen und in feine, dünne Streifen schneiden.
7. Eine Pfanne oder einen Wok erhitzen, zweimal mit Öl ausschwenken. Dann 8 Eßlöffel Schweineschmalz hineingeben und erhitzen, bis etwas Rauch aufsteigt. Jetzt die Frühlingszwiebeln und den Ingwer hineingeben und braten, bis beides dunkelbraun geworden ist.
8. Nun den Reiswein, die Hühnerbrühe, den Pfeffer, den Zucker, die Sojasoße und den Essig hinzugeben und alles kurz aufkochen lassen. Die fritierten Schweinefleischstreifen hinzugeben, etwas rühren und 2 Minuten kochen lassen.

SCHWEINEFLEISCH SÜSS-SAUER

GU LAO ROU (Kanton)

1. Das Mehl, das Ei, das Backpulver, das Salz, die Kartoffelstärke und ¼ Liter Wasser verrühren, das Öl unterrühren und den Teig 30 Minuten lang ruhen lassen.
2. Das Fleisch in kochendes Wasser geben und etwa 15 Minuten lang kochen. Dann herausnehmen und bei Raumtemperatur abkühlen lassen.
3. Das Fleisch in 2 ½ Zentimeter große Würfel schneiden und mit ein wenig Mehl bestäuben, um das restliche Wasser aufzusaugen. Dann die Würfel in den Eier-Mehl-Teig geben.
4. Eine Pfanne oder einen Wok zweimal mit Öl ausschwenken, zur Hälfte mit Öl füllen und dieses auf mittlerer Flamme erhitzen. Die Fleischwürfel vorsichtig hineingeben und fritieren, bis sie leicht bräunlich sind, anschließend herausnehmen und kurz abkühlen lassen.
5. Dann die Fleischwürfel wieder in das heiße Öl geben und auf großer Flamme so lange fritieren, bis sie goldbraun sind, dann herausnehmen und auf Küchenkrepp abtropfen lassen.
6. Die Paprikaschoten, die Ananas und die geputzte Möhre in gleichgroße Stücke schneiden und mit den Morcheln zusammen unter Rühren in wenig Öl kurz braten.
7. Die süß-saure Soße auf mittlerer Flamme aufkochen lassen, das Gemüse, die Ananas und das fritierte Fleisch hineingeben und kurz verrühren. Zum Schluß das Sesamöl darüberträufeln.

Straße in Chengdu

Für 2 Personen:

für den Teig:

350 g Mehl

1 Ei

2 EL Backpulver

1 TL Salz

50 g Kartoffelstärke

10 EL Öl

außerdem:

320 g Schweinenacken

Mehl zum Bestäuben

Öl zum Ausschwenken, zum Fritieren und Braten

20 g rote Paprikaschote

30 g grüne Paprikaschote

35 g Ananasstücke (Dose)

30 g Möhren

30 g vorbereitete Morcheln (Seite 44; 10 g Rohgewicht)

2 Portionen süß-saure Soße (Seite 36)

2 EL Sesamöl

Zubereitungszeit:
ca. 50 Minuten
Zeit zum Ruhen:
ca. 30 Minuten

Für 2 Personen:

Für 2 Personen:

350 g Rindfleisch (Filet)

Marinade (Seite 36)

200 g Frühlingszwiebeln

Öl zum Ausschwenken und Braten

2 EL Zucker, 1 TL Pfeffer

8 EL Sojasoße

1 Prise Glutamat

2 TL Sesamöl

Zubereitungszeit:
ca. 20 Minuten
Zeit zum Marinieren:
ca. 30 Minuten

Für 2 Personen:

500 g Rindfleisch (Filet oder falsches Filet)

für die Marinade:

1 Frühlingszwiebel

2 Knoblauchzehen

120 ml Reiswein

1 1/2 EL scharfe Sojasoße

1 TL Salz

5 EL helle Sojasoße

1 1/2 TL Essig (25 %)

2 EL Zucker

2 TL Kartoffelstärke

1 1/2 EL Tomatenketchup

außerdem:

Öl zum Ausschwenken und Braten

3 EL Sesamöl

6 Blätter Kopfsalat

Zubereitungszeit:
ca. 40 Minuten
Zeit zum Marinieren:
ca. 24 Stunden

RINDFLEISCH MIT FRÜHLINGSZWIEBELN

QING ZONG BAO NIO ROU (Peking)

1. Das Rindfleisch in dünne Streifen schneiden und 30 Minuten marinieren. Die Frühlingszwiebeln putzen und in 3 bis 4 Zentimeter große Stücke schneiden.
2. Eine Pfanne oder einen Wok erhitzen, und zweimal mit Öl ausschwenken. Das Rindfleisch in wenig Öl unter Rühren kurz braten. Herausnehmen und beiseite stellen.
3. Die Pfanne oder den Wok erneut erhitzen, zweimal mit Öl ausschwenken und die Frühlingszwiebeln etwa 1 Minute braten.
4. Das Rindfleisch hinzufügen und etwa 1 1/2 Minuten weiterbraten. Mit Zucker, Pfeffer, Sojasoße und Glutamat abschmecken und mit dem Sesamöl beträufeln.

GEBRATENES RINDFLEISCH MIT SOJASOSSE

NAN JIAN NIO ROU (Kanton)

1. Das Rindfleisch in 6 Zentimeter lange, 4 Zentimeter breite und 1 Zentimeter dicke Streifen schneiden. Die Fleischstreifen flachklopfen.
2. Die Frühlingszwiebel und die Knoblauchzehen putzen bzw. schälen und fein hacken. Mit den restlichen Zutaten für die Marinade in eine große Schüssel geben und gut verrühren. Nun die Fleischstreifen dazugeben, gut durchrühren und 1 Tag ziehen lassen.
3. Eine Pfanne oder einen Wok erhitzen, zweimal mit Öl ausschwenken. Etwa 1/8 Liter Öl hineingeben und erhitzen. Die Fleischstreifen aus der Marinade nehmen, abtropfen lassen und einzeln in das Öl geben, es sollten aber nicht mehr als 3 Fleischstreifen zusammen in der Pfanne oder im Wok sein. Die Streifen 2 bis 3 Minuten braten, bis sie etwas braun geworden sind. Dann in ein Sieb geben und abtropfen lassen.
4. Das Öl aus der Pfanne oder dem Wok gießen. Die Pfanne erneut erhitzen, zweimal mit Öl ausschwenken und 5 EL Öl hineingeben. Wenn das Öl heiß geworden ist, die Zwiebel- und Knoblauchstücke aus der Marinade nehmen und unter ständigem Rühren 1/2 Minute braten. 2/3 der Marinade dazugeben und so lange kochen, bis sie etwas eingedickt ist.
5. Jetzt die gebratenen Fleischstreifen wieder dazugeben und unter ständigem Rühren so lange erhitzen, bis die Flüssigkeit ganz verdampft ist. Zum Schluß das Sesamöl darübergießen.
6. Die geputzten Salatblätter auf den Rand eines großen Tellers legen und die gebratenen Rindfleischstreifen in die Mitte des Tellers geben.

Rindfleisch zählt in China zu den raren Delikatessen; viel verbreiteter sind Schweinefleisch und Geflügel. Da das Rind, wie der Wasserbüffel, seit Jahrtausenden als das klassische Pflugtier in den Reisfeldern dient, ißt man sein Fleisch recht selten, und Kalbfleisch ist in der chinesischen Küche nahezu unbekannt

RINDFLEISCH MIT ZUCKERSCHOTEN

XUE DO NIO ROU (Kanton)

Für 2 Personen:

350 g Rindfleisch (Filet, Roastbeef oder falsches Filet)

Marinade (Seite 36)

200 g Zuckerschoten

Öl zum Ausschwenken,
Fritieren und zum Braten

für das Gemüse:

1 Prise Salz

1 Prise Glutamat

1 Prise Zucker

1 TL Kartoffelstärke, mit
2 EL Wasser verrührt

1 EL Öl

1. Eventuell vorhandene Sehnen vom Rindfleisch entfernen und das Fleisch in dünne, 2 bis 3 Zentimeter große
Scheiben schneiden. Danach 30 Minuten in der
Marinade ziehen lassen. Die Zuckerschoten putzen.
2. Eine Pfanne oder einen Wok erhitzen, zweimal mit Öl
ausschwenken. Das Fleisch in 1 Liter Öl fritieren. Herausnehmen und das Öl abgießen.
3. Die Pfanne oder den Wok nochmals erhitzen, mit Öl
ausschwenken, 2 Eßlöffel Öl hineingeben und die Zuk-
kerschoten 1 Minute unter Rühren kurz braten. Dann mit
dem Salz, dem Glutamat und dem Zucker abschmek-
ken und die angerührte Kartoffelstärke hinzugeben.
Kurz aufkochen lassen und zum Schluß einen Eßlöffel Öl
darübergießen. Das Gemüse auf einen Teller legen.
4. Die Pfanne oder den Wok erneut heiß werden lassen.
5 Eßlöffel Öl hineingeben und erhitzen. Das Fleisch
dazugeben und 1 ½ Minuten unter Rühren kurz
braten. Mit Zucker, Pfeffer, Glutamat und Salz
abschmecken, die Hühnerbrühe und die angerührte
Kartoffelstärke dazugießen und aufkochen lassen. Zum
Schluß das Sesamöl darübergeben und das Fleisch auf
den Zuckerschoten anrichten.

für die Soße:

1 EL Zucker

½ TL Pfeffer

1 Prise Glutamat

1 TL Salz

120 ml Hühnerbrühe oder
Wasser

1 TL Kartoffelstärke, mit
4 EL Wasser verrührt

2 TL Sesamöl

Zubereitungszeit:
ca. 25 Minuten
Zeit zum Marinieren:
ca. 30 Minuten

RINDFLEISCH MIT BROKKOLI

JIE ZAI HAO YU (Kanton)

Für 2 Personen:

350 g Rindfleisch (Filet oder Roastbeef)

Marinade (Seite 36)

Öl zum Ausschwenken, Fritieren und Braten

für die Brokkoli:

300 g Brokkoli oder Blumenkohl

1 Prise Glutamat

1 TL Zucker

1 TL Salz

1/2 TL Pfeffer

2 TL Öl

1. Das Rindfleisch in dünne, 2 bis 3 Zentimeter große Scheiben schneiden und 30 Minuten in der Marinade ziehen lassen.
2. Eine Pfanne oder einen Wok erhitzen, zweimal mit Öl ausschwenken. Das Fleisch in 1 Liter Öl fritieren. Herausnehmen und das Öl abgießen.
3. Die Brokkoli putzen, in 3 Zentimeter lange und 2 Zentimeter breite Stücke bzw. Röschen schneiden und dann in 1 Liter heißem Wasser mit dem Glutamat, dem Zucker, dem Salz, dem Pfeffer und dem Öl 1 1/2 Minuten kochen. Das Gemüse herausnehmen und auf dem Tellerrand anordnen.
4. Die Pfanne oder den Wok nochmal erhitzen, zweimal mit Öl ausschwenken und 8 Eßlöffel Öl darin erwärmen. Das Rindfleisch 1 1/2 Minuten unter Rühren braten und mit der Austernsoße, dem Zucker, dem Pfeffer und dem Glutamat abschmecken. Die Hühnerbrühe hinzugeben und zum Kochen bringen.
5. Die angerührte Kartoffelstärke hineinrühren, kurz aufkochen und mit dem Sesamöl beträufeln. Die Rindfleischscheiben in der Tellermitte anrichten.

für die Soße:

4 EL Austernsoße

2 EL Zucker

1/2 TL Pfeffer

1 Prise Glutamat

160 ml Hühnerbrühe oder Wasser

2 TL Kartoffelstärke, mit 6 EL Wasser verrührt

2 TL Sesamöl

Zubereitungszeit:
ca. 25 Minuten
Zeit zum Marinieren:
ca. 30 Minuten

Für 2 Personen:

300 g Rindfleisch (Filet oder
falsches Filet)

Marinade (Seite 36)

100 g Bambussprossen

100 g vorbereitete chine-
sische Pilze (Seite 44;
ca. 30 g Trockengewicht)

50 g Frühlingszwiebeln

Öl zum Ausschwenken und
Braten

2 EL Zucker

1 TL Pfeffer

4 EL Sojasoße

1 1/2 TL Salz

1 Prise Glutamat

1/4 l Hühnerbrühe oder
Wasser

1 EL Kartoffelstärke, mit
6 EL Wasser verrührt

4 TL Sesamöl

Zubereitungszeit:
ca. 20 Minuten
Zeit zum Marinieren:
ca. 30 Minuten

Tip
Garnieren Sie das Gericht mit
Tomatenecken auf dem Teller-
rand.

RINDFLEISCH MIT CHINAPILZEN UND BAMBUSSPROSSEN

SHUANG DONG NIO ROU (Sichuan)

1. Das Rindfleisch in dünne Streifen schneiden und
   30 Minuten marinieren lassen. Die Bambussprossen
   und die Pilze in gleich große Scheiben schneiden. Die
   Frühlingszwiebeln putzen und in 3 Zentimeter große
   Stücke schneiden.
2. Eine Pfanne oder einen Wok erwärmen und zweimal
   mit Öl ausschwenken. Darin in wenig Öl zuerst das
   Rindfleisch, dann das Gemüse unter Rühren kurz braten. Herausnehmen und beiseite stellen.
3. Die Pfanne oder den Wok erneut erhitzen und mit Öl
   ausschwenken. In 8 Eßlöffeln heißem Öl zuerst das
   Rindfleisch 1 Minute braten. Dann das Gemüse dazugeben. Nach 1 Minute mit Zucker, Pfeffer, Sojasoße,
   Salz und Glutamat abschmecken.
4. Anschließend die Hühnerbrühe hinzufügen und zum
   Kochen bringen, die angerührte Kartoffelstärke hineinrühren, aufkochen lassen und das Gericht mit dem
   Sesamöl beträufeln.

RINDFLEISCH MIT BOHNENSOSSE GEBRATEN

YA CAI CHAO NIO ROU (Sichuan)

1. Das Rindfleisch in feine Streifen schneiden und 30 Minuten marinieren lassen.
2. Die Frühlingszwiebeln putzen und in 3 Zentimeter lange Stücke schneiden. Den Knoblauch schälen und fein hacken.
3. Eine Pfanne oder einen Wok erhitzen, zweimal mit Öl ausschwenken. Anschließend darin das Fleisch in wenig Öl unter Rühren kurz braten. Herausnehmen und beiseite stellen.
4. Die Pfanne oder den Wok erneut erhitzen und mit Öl ausschwenken. 10 Eßlöffel Öl darin heiß werden lassen, den Knoblauch und den Sambal 20 Sekunden anbraten, dann das Rindfleisch und die Frühlingszwiebeln dazugeben und 2 Minuten lang weiterbraten.
5. Glutamat, süße Bohnensoße, Pfeffer, Zucker, Reiswein, Tomatenketchup, Sojasoße und Hühnerbrühe dazugeben und erhitzen, bis die Soße kocht. Die angerührte Kartoffelstärke hineinrühren, aufkochen lassen. Das Ganze mit dem Sesamöl verfeinern.

Für 2 Personen:

400 g Rindfleisch (Filet oder falsches Filet)

Marinade (Seite 36)

200 g Frühlingszwiebeln

2 Knoblauchzehen

Öl zum Ausschwenken und Braten

2 EL Sambal

1 Prise Glutamat

2 EL süße Bohnensoße

1/2 TL Pfeffer

3 EL Zucker

2 EL Reiswein

3 EL Tomatenketchup

4 TL Sojasoße

150 ml Hühnerbrühe oder Wasser

3 TL Kartoffelstärke, mit 6 EL Wasser verrührt

2 TL Sesamöl

Zubereitungszeit:
ca. 20 Minuten
Zeit zum Marinieren:
ca. 30 Minuten

Tip
Wenn Sie Frühlingszwiebelstücke über Kreuz mehrmals einschneiden, sehen sie wie kleine Blumen aus. Mit dieser einfachen, aber wirkungsvollen Dekoration lassen sich viele chinesische Gerichte hübsch verzieren.

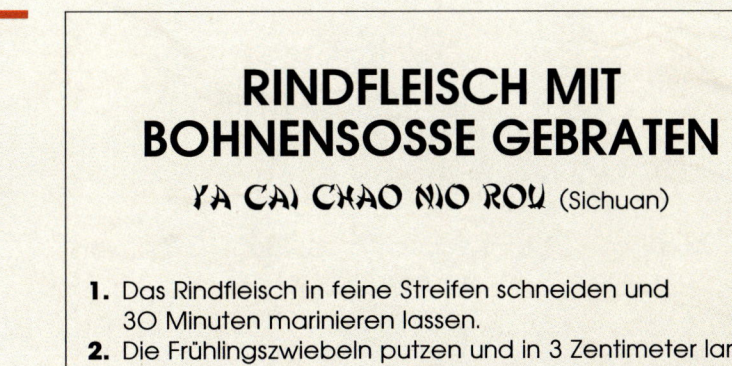

GEBRATENES RINDFLEISCH MIT CHINESISCHEM SCHNEEGEMÜSE

XUE LI HONG CHAO NIO ROU (Peking)

Für 2 Personen:

450 g frisches chinesisches Schneegemüse oder 200 g Schneegemüse aus der Dose oder Blätter vom jungen Sommerrettich

Salz

300 g Rindfleisch (Filet oder falsches Filet)

für die Marinade:

1/2 EL Kartoffelstärke

1 kleines Eiweiß, steif geschlagen

1 TL Backpulver

1 EL helle Sojasoße

12 EL Öl

1/4 TL Pfeffer

außerdem:

20 g frische, rote Chilischoten

15 g frischer Ingwer

2 Knoblauchzehen

Öl zum Ausschwenken, Braten und Fritieren

1 EL Zucker

1 Prise Glutamat

1 TL Essig (25 %)

1 TL Salz

1 TL Kartoffelstärke, mit 3 EL Wasser verrührt

5 EL Sesam- oder Chiliöl

Zubereitungszeit:
ca. 30 Minuten
Zeit zum Marinieren:
ca. 20 Minuten
Zeit zum Einweichen:
ca. 4 Stunden

1. Das Schneegemüse oder die Blätter vom jungen Sommerrettich 4 Stunden in die doppelte Menge Wasser legen und pro Liter Wasser 2 Eßlöffel Salz hinzufügen. Anschließend die Blätter herausnehmen und mit der Hand gegeneinanderreiben. Dies ist sehr einfach möglich, da das Salzwasser die Blattstrukturen aufgeschlossen hat. Die Blätter auswringen und in 1/2 Zentimeter lange Stücke schneiden. Bei Verwendung von Schneegemüse aus der Dose dieses gut ausdrücken und klein schneiden.
2. Das Rindfleisch in 1/2 Zentimeter große Würfel schneiden. Die Kartoffelstärke, das Eiweiß, das Backpulver, die Sojasoße, das Öl, 5 Eßlöffel Wasser und den Pfeffer in eine große Schüssel geben und gut verrühren. Nun die Fleischstücke hineingeben, gut verrühren und 20 Minuten ziehen lassen.
3. Die Chilischoten dünn schneiden, den Ingwer schälen und fein schneiden. Die Knoblauchzehen schälen und mit dem Küchenbeil zerschlagen oder fein hacken.
4. Eine Pfanne oder einen Wok erhitzen, zweimal mit Öl ausschwenken. Nun 3/4 Liter Öl zum Fritieren hineingeben und auf großer Flamme heiß werden lassen, bis etwas Rauch aufsteigt. Jetzt das marinierte Fleisch in das heiße Öl geben und fritieren, bis es beginnt, braun zu werden (etwa 1 Minute). Nun das Fleisch herausnehmen, auf einem Sieb abtropfen lassen. Das Öl abgießen.
5. Die Pfanne oder den Wok erneut erhitzen, zweimal mit Öl ausschwenken. 8 Eßlöffel Öl hineingeben und auf großer Flamme erhitzen, bis etwas Rauch aufsteigt. Jetzt den Knoblauch, die Chilischoten und den Ingwer hineingeben und unter ständigem Rühren 1/2 Minute braten.
6. Jetzt das fritierte Fleisch hinzugeben und unter ständigem Rühren nochmals 1/2 Minute braten. Nun das Schneegemüse dazugeben und kurz unter ständigem Rühren braten.
7. Die restlichen Zutaten hinzufügen, aufkochen lassen und das Gericht servieren.

Die wörtliche Übersetzung „Rot-im-Schnee" gibt Aufschluß über die Herkunft von Schneegemüse: Die Senfpflanze, die in ihrem Aussehen an Rübenkraut erinnert, wächst unter der schützenden Schneedecke des harten nordchinesischen Winters heran, bis in den ersten Monaten des neuen Jahres ihre roten Blätter durch den weißen Schnee brechen. Als Frischgemüse ist das widerstandsfähige Wintergewächs ungenießbar, denn es schmeckt bitter und scharf. Doch die findigen Chinesen wissen sich zu helfen, sie legen es längere Zeit in Salzlake

雪菜

Für 4 Personen:

1000 g Rindfleisch (Bürger-
meisterstück oder Hochrippe)

300 g Möhren

300 g Rettich

50 g frische Chilischoten

50 g frischer Ingwer

50 g Frühlingszwiebeln

Öl zum Ausschwenken und
Braten

3 EL Sambal

30 g Tang Gul

20 g Sternanis

15 EL Süßholzwurzel

1 $\frac{1}{2}$ EL Salz, 3 EL Zucker

1 Prise Glutamat

Zubereitungszeit:
ca. 2 Stunden

Für 2 Personen:

350 g Rindfleisch (Filet oder
falsches Filet)

Marinade (Seite 36)

1 Knoblauchzehe

5 g frischer Ingwer

300 g Sojabohnenkeimlinge

Öl zum Ausschwenken, Fritieren und Braten

für die Soße:

1 $\frac{1}{2}$ TL Salz

1 Prise Glutamat

1 EL Essig (25 %)

2 EL Zucker, 1 TL weißer Pfeffer

2 TL Kartoffelstärke, mit
4 EL Wasser verrührt

3 EL Sesamöl

Zubereitungszeit:
ca. 25 Minuten
Zeit zum Marinieren:
ca. 30 Minuten

GEKOCHTES RINDFLEISCH

NIO NAN (Shanghai)

1. Das Rindfleisch 40 Minuten in 2 Liter Wasser kochen. Herausnehmen und 20 Minuten in kaltes Wasser legen. Dann in 5 cm große Stücke schneiden.
2. Die Möhren und den Rettich putzen, schälen und in 5 Zentimeter große Würfel schneiden. Die Chilischoten halbieren, den Ingwer schälen und fein hacken, die Frühlingszwiebeln putzen und längs halbieren.
3. Einen großen Topf oder einen Wok erhitzen, zweimal mit Öl ausschwenken. 10 Eßlöffel Öl darin heiß werden lassen und den Sambal 1 Minute braten. Die Chilischoten, den Ingwer und die Zwiebeln dazugeben und ebenfalls 1 Minute lang braten. 2 $\frac{1}{2}$ Liter Wasser dazugeben und zum Kochen bringen.
4. Die Gewürze, außer Salz, Zucker und Glutamat, das Gemüse und das Rindfleisch zufügen und alles auf großer Flamme 5 Minuten kochen. Die Hitze reduzieren und weitere 40 Minuten kochen. Dann Salz, Zucker und Glutamat dazugeben und nochmals 20 Minuten langsam schmoren lassen.

RINDFLEISCH MIT SAUREN SOJABOHNENKEIMLINGEN

YIN YA NIO ROU (Peking)

1. Das Rindfleisch in dünne, 3 Zentimeter lange Streifen schneiden und 30 Minuten marinieren lassen.
2. Die Knoblauchzehe schälen und zerdrücken. Den Ingwer schälen und sehr fein schneiden. Die Sojabohnenkeimlinge waschen. In guten Restaurants in China werden die Sojabohnenkeimlinge an beiden Enden abgezupft, das heißt Schale und Spitze entfernt. Die Keimlinge schmecken dadurch noch zarter.
3. Eine Pfanne oder einen Wok erhitzen, zweimal mit Öl ausschwenken. $\frac{1}{2}$ Liter Öl in die Pfanne geben und erhitzen. Dann das marinierte Filet hineingeben und etwa eine Minute fritieren. Das Fleisch mit einem Sieb herausnehmen und das Öl abgießen.
4. Die heiße Pfanne oder den Wok erneut zweimal mit Öl ausschwenken, 6 Eßlöffel Öl hineingeben und erhitzen. Den Knoblauch und den Ingwer darin gut verrühren und das Rindfleisch hinzugeben. Nochmals alles gut verrühren. Nach $\frac{1}{2}$ Minute die Sojabohnenkeimlinge hineingeben und unter Rühren kurz braten.
5. Das Salz, das Glutamat, den Essig, den Zucker und den Pfeffer hineingeben. Kurz aufkochen lassen. Zum Schluß die angerührte Kartoffelstärke und das Sesamöl unter Rühren hineingeben, erhitzen und sofort servieren. Eventuell mit Erbsen garnieren.

RINDFLEISCH IN SCHARFER SOSSE

LA ZHI NIO ROU (Sichuan)

1. Das Fleisch in ¹/₂ Zentimeter dicke, 3 Zentimeter breite und 4 Zentimeter lange Scheiben schneiden. Den Ingwer schälen und in ebenso große Stücke schneiden.
2. Die Chilischoten in etwa 4 Zentimeter breite Stücke schneiden.
3. Eine Pfanne oder einen Wok erhitzen, zweimal mit Öl ausschwenken und 5 Eßlöffel Öl darin erwärmen. Die Frühlingszwiebeln, den Ingwer und die Chilischoten darin 2 Minuten unter Rühren braten. Dann das Rindfleisch dazugeben und 1 Minute anbraten.
4. Mit Sojasoße, Zucker, karamelisiertem Zucker, Glutamat, Pfeffer und Salz würzen und nochmals 2 Minuten braten. ¹/₄ Liter Wasser hinzugeben. Gewürznelken, Fenchel und Zimtstangen in ein kleines Leinensäckchen binden und dieses in die Flüssigkeit hängen.
5. Das ganze 5 Minuten bei großer Hitze und anschließend 25 Minuten bei niedriger Hitze schmoren lassen. Zum Schluß das Gewürzsäckchen herausnehmen und das Gericht mit Sesamöl verfeinern.

Für 4 Personen:

800 g Rindfleisch (falsches Filet)

60 g frischer Ingwer

80 g frische Chilischoten

Öl zum Ausschwenken und Braten

5 EL helle Sojasoße

2 ¹/₂ EL Zucker

5 EL karamelisierter Zucker

1 Prise Glutamat

1 TL weißer Pfeffer, 1 TL Salz

30 g Gewürznelken

30 g Fenchel

40 g Zimtstangen

3 EL Sesamöl

Zubereitungszeit: ca. 50 Minuten

MONGOLISCHER FLEISCHTOPF

YANG ROU HUO GUO (Peking)

Für 5 Personen:

300 g Tofu

100 g Glasnudeln

1000 g Lammfleisch ohne Knochen (vorzugsweise Nacken und Bauchfleisch)

500 g Chinakohl

40 g Frühlingszwiebeln

50 g Petersilie

2 1/2 l Hühnerbrühe

1 Reisschale eingelegter Knoblauch (Seite 40) oder Ingwer

1/2 Reisschale Sesampaste

1/2 Reisschale Shaoshingwein

1/2 Reisschale Sojasoße

1/2 Reisschale Chiliöl

1/2 Reisschale Shrimpspaste

1/2 Reisschale Reisweinessig

1/2 Reisschale Sa-Cha-Chiang-Soße

1/2 Reisschale Hoisinsoße

chinesisches Sesambrot

Zubereitungszeit:
ca. 20 Minuten
Zeit zum Gefrieren:
ca. 2 Stunden
Zeit zum Einweichen:
ca. 20 Minuten

1. Den Tofu 2 Stunden in das Gefriergerät legen. Anschließend in 1 mal 3 Zentimeter große Stücke schneiden. Die Glasnudeln in heißem Wasser 20 Minuten ziehen lassen.
2. Das Lammfleisch in den Kühlschrank stellen, damit man besser sehr dünne und lange Scheiben schneiden kann.
3. Den Chinakohl und die Frühlingszwiebeln putzen, die Petersilie waschen und alles fein schneiden.
4. Die Hühnerbrühe in den Feuertopf geben und aufkochen lassen. Den Topf auf den Tisch stellen und die restlichen Zutaten um den Topf anrichten.
5. Jeder Gast bekommt eine Reisschale und bedient sich individuell. Die Lammfleischscheiben kurz in die kochende Hühnerbrühe geben, anschließend in eine Soße dippen und mit den restlichen Zutaten verzehren.

Tip

Dies ist ein Gericht für die Winterzeit. Achten Sie darauf, daß Sie junges Lammfleisch erhalten. Falls Sie keinen Mongolischen Feuertopf zur Verfügung haben, können Sie auch einen Fonduetopf nehmen. Zur Geschmacksverbesserung können noch 50 g getrocknete oder 400 g frische geschälte Krabben sowie 10 getrocknete Blumenpilze in die Brühe gegeben werden.

Wüste Gobi, Mongolei

87

LAMMFLEISCH MIT GINSENG

GUAN HUEI YANG ROU (Sichuan)

Für 3 Personen:

500 g Lammfleisch mit Knochen (Hals)

10 g frischer Ingwer

20 g vorbereitete chinesische Blumenpilze (Seite 44; ca. 7 g Trockenprodukt)

10 g Ginseng

3 getrocknete Kammuscheln, 2 Stunden in heißem Wasser eingeweicht

2 getrocknete Kastanien

2 g schwarze Pfefferkörner

10 g Gozee

480 ml Reiswein

2 TL Salz

1 ½ EL Zucker

1 Prise Glutamat

Zubereitungszeit: ca. 2 Stunden

1. Das Lammfleisch in 3 Zentimeter große Würfel schneiden und in 1 Liter Wasser 3 Minuten kochen. Dann herausnehmen. Den Ingwer schälen und in Scheiben schneiden.
2. Das Lammfleisch, die restlichen Zutaten und 2 ½ Liter Wasser in eine 3 bis 4 Liter große feuerfeste Schale (am besten einen chinesischen Porzellantopf) geben. Diesen zuerst mit einem entsprechend großen Stück Alufolie und dann mit dem Deckel verschließen.
3. Den Porzellantopf in einen großen Topf stellen und 2 Stunden dämpfen. Das Gericht wird im Porzellantopf serviert. Der Ginseng, der Ingwer und die Gewürze werden nicht mitgegessen.

Tip

Es gibt 2 verschiedene Ginsengsorten, einen weißen und einen roten. Dieses Gericht wird in China vorwiegend im Winter gegessen, denn es ist sehr kräftigend.

FRITIERTES LAMMFLEISCH MIT GAUBAR

YANG ROU ZHA JIAO (Peking)

Tip

Gaubar ist der Belag, der sich unten im Reistopf absetzt. Dieser wird einen Monat in der Sonne getrocknet, ist hart wie Stein und geht beim Fritieren auseinander. Das Öl muß dabei sehr heiß sein und es darf nur sehr kurz fritiert werden.

1. 1 Liter Wasser in einem Topf aufkochen lassen. Das Lammfleisch hineingeben, 5 Minuten kochen lassen. Dann herausnehmen. Den Ingwer schälen und fein hacken. Die Frühlingszwiebeln putzen und längs halbieren.
2. Erneut 1 Liter Wasser zum Kochen bringen. Den Bintang oder Zucker, den Sternanis, den Ingwer und die Frühlingszwiebeln, Salz, Reiswein und zum Schluß das Lammfleisch hineingeben.
3. Das Fleisch 5 Minuten bei starker Flamme kochen, den Topf abdecken und das Fleisch bei kleiner Flamme weitere 40 Minuten köcheln lassen.
4. Anschließend das Fleisch herausnehmen und 30 Minuten in kaltes Wasser legen.
5. Das Fleisch in 2 1/2 Zentimeter große Würfel schneiden und mit dem Mehl-Wasser-Gemisch vermengen. Mit Kartoffelstärke bestreuen.
6. Einen Topf oder einen Wok erhitzen, zweimal mit Öl ausschwenken. Dann 1 Liter Öl hineingeben und erhitzen. Die Fleischwürfel nicht auf einmal, sondern Stück für Stück, in das siedende Öl geben. Zunächst 2 Minuten fritieren, dann 5 Minuten aus dem Öl nehmen. Anschließend wiederum bei sehr starker Hitze etwa 2 Minuten fritieren und herausnehmen.
7. Den Gaubar auf Schokoladenstückchengröße zerkleinern und 1/2 Minute im Öl fritieren, dabei wenden und sofort herausnehmen. Bei der Verwendung von Krabbenbrot, dieses genauso wie den Gaubar zubereiten.
8. Auf die eine Hälfte eines Tellers das Fleisch, auf die andere den Gaubar oder das Krabbenbrot legen und beides mit den gemischten Gewürzen überstreuen.

Für 2 bis 3 Personen:

500 g Lammkeule ohne Knochen

5 g Ingwer

3 Frühlingszwiebeln

20 g Bintang (spezieller chinesischer Kandiszucker) oder 2 EL Zucker

5 Sternanis

3 TL Salz

120 ml Reiswein

3 EL Mehl, mit 120 ml Wasser verrührt

1 Reisschale Kartoffelstärke

Öl zum Ausschwenken und Fritieren

80 g Gaubar (getrockneter Reis) oder Krabbenbrot

für die Gewürzbeilage:

1/2 TL Sichuanpfeffer, gemahlen

1 Prise Glutamat

1 TL schwarzer Pfeffer

1/2 TL Salz

1/4 TL Zucker

Zubereitungszeit: ca. 80 Minuten
Zeit zum Auskühlen: ca. 30 Minuten

GESCHMORTES LAMMFLEISCH IN SOJASOSSE

HONG SHAO YANG ROU (Sichuan)

Für 3 Personen:

600 g Lammfleisch (Nacken)

10 g frischer Ingwer

3 kleine Schalotten

1 kleine Möhre (50 g)

100 g Bambussprossen

Öl zum Ausschwenken und Braten

2 Sternanis

100 g vorbereitete chinesische Blumenpilze (Seite 44, ca. 30 g Trockengewicht)

60 ml helle Sojasoße

5 EL karamelisierter Zucker

5 EL Kao-Liang-Schnaps

1 TL Salz

1 TL schwarzer Pfeffer

1 Prise Glutamat

360 ml Hühnerbrühe

eventuell 3 TL Kartoffelstärke, mit 5 EL Wasser verrührt

5 EL Sesamöl

Zubereitungszeit: ca. 60 Minuten

1. Das Lammfleisch in Würfel schneiden und in 1 Liter Wasser 3 Minuten kochen, dann herausnehmen.
2. Den Ingwer schälen und in dünne Scheiben schneiden. Die Schalotten und die Möhren schälen. Die Schalotten fein hacken, die Möhren und die Bambussprossen in 3 Zentimeter große Würfel schneiden.
3. Eine Pfanne oder einen Wok erwärmen, zweimal mit Öl ausschwenken. 10 Eßlöffel Öl in die Pfanne geben und stark erhitzen. Den Sternanis, den Ingwer und die Schalotten 1/2 Minute im Öl fritieren. Dann das Gemüse zu den Gewürzen geben, unter Rühren kurz braten. Die Lammfleischwürfel hinzufügen und eine weitere Minute unter ständigem Rühren braten.
4. Mit Sojasoße begießen, verrühren und den karamelisierten Zucker zufügen. 1 Minute aufkochen lassen. Dann Kao-Liang-Schnaps, Salz, Pfeffer, Glutamat und zum Schluß die Hühnerbrühe dazugeben und gut durchrühren.
5. Alles 5 Minuten lang bei starker Flamme kochen lassen, danach 30 bis 35 Minuten bei geschlossenem Topf garen. Anschließend das Gericht nochmals bei sehr starker Hitze kochen. Sollte die Soße nicht dickflüssig genug sein, kann die angerührte Kartoffelstärke dazugegeben werden. Ganz zum Schluß das Gericht mit Sesamöl beträufeln.

羊
羔

Fleisch vom Lamm essen die Chinesen seit über 400 Jahren. Die Mongolen der Yuan-Dynastie (1271 bis 1368) führten es ein, und die Mandschuren der Qing-Dynastie (1644 bis 1911) sorgten für seine Verbreitung im gesamten Norden. Heute werden gewaltige Schaf- und Ziegenherden auf den Steppen nördlich der Großen Mauer und in der Inneren Mongolei gezüchtet

Teehaus in Huxinting im Yu-Garten von Shanghai

NIERE MIT EINGESCHNITZTEM MUSTER

YOU BAO YAO ZI (Peking)

Für 3 Personen:

3 Schweinenieren (ca. 550 g)

für die Marinade:

1 TL Kartoffelstärke

1 Prise Salz

5 EL Öl

2 TL Sojasoße

außerdem:

300 g Zuckerschoten

3 Knoblauchzehen

5 g frischer Ingwer

Öl zum Ausschwenken, Fritieren und Braten

1 EL Zucker

1 TL Salz

1 Prise Glutamat

$1/2$ TL weißer Pfeffer

1 EL helle Sojasoße

1 $1/2$ EL Kao-Liang-Schnaps

1 TL Kartoffelstärke, mit 3 EL Wasser verrührt

3 EL Sesamöl

Zubereitungszeit:
ca. 30 Minuten
Zeit zum Marinieren:
ca. 5 Minuten

1. Die Nieren längs halbieren und die Sehnen und Häute herausschneiden. Auf der Innenseite die Nieren so einschneiden, daß ein Rhombenmuster entsteht. Dann die Nieren in 2 mal 4 Zentimeter große Stücke schneiden.
2. Die Zutaten für die Marinade mit 1 Eßlöffel Wasser verrühren und die Nierenstücke darin mindestens 5 Minuten ziehen lassen.
3. Die Zuckerschoten an den Enden abschneiden und $1/2$ Minute in kochendem Wasser blanchieren. Die Knoblauchzehen schälen und fein hacken. Den Ingwer schälen und in hauchdünne Scheiben schneiden.
4. Eine Pfanne oder einen Wok erhitzen, zweimal mit Öl ausschwenken. Dann 1 Liter Öl in die Pfanne geben, erhitzen und die Nierenstücke darin 1 Minute fritieren. In ein Sieb geben und das Öl abgießen.
5. Die Pfanne oder den Wok erneut erhitzen, zweimal mit Öl ausschwenken. 5 Eßlöffel Öl in die Pfanne oder den Wok geben, dann den Knoblauch und den Ingwer hineingeben und 20 Sekunden fritieren. Die Nierenstücke und die Zuckerschoten dazugeben. Alles 1 Minute unter ständigem Rühren braten.
6. Den Zucker, das Salz, das Glutamat, den Pfeffer, die Sojasoße und den Kao-Liang-Schnaps in die Pfanne geben und verrühren. Zum Schluß die angerührte Kartoffelstärke dazugeben, kurz aufkochen lassen und mit dem Sesamöl verfeinern.

Tip
Am besten die Soße aus Glutamat, Salz, Zucker, Kao-Liang-Schnaps, Pfeffer, Sojasoße, Kartoffelstärke und Sesamöl in einer Reisschale anrühren, damit das Fleisch nur ganz kurz brät und das volle Aroma behält. Zu lange gebratenes Nierenfleisch ist nicht mehr zart. Wichtig für das Gelingen ist eine starke Hitze und kräftiges Rühren.

SCHWEINENIERE MIT FRÜHLINGSZWIEBELN, INGWER UND CHILISCHOTEN

CONG BAO YAO ZI (Sichuan)

Tip
Wenn man die Niere etwas mehr durchgebraten haben will, kann man die Fritierzeit um 2 Minuten verlängern. Dieses Gericht kann auch mit Tintenfisch zubereitet werden.

1. Die Nieren längs halbieren, die Sehnen und Häute entfernen. Die Nierenhälften auf der Innenseite längs einschneiden. Anschließend nochmal quer dazu einschneiden, so daß ein Rhombenmuster entsteht. Dann die Niere in 4 Zentimeter große Würfel schneiden.
2. Die Zutaten für die Marinade verrühren und die Nierenstückchen darin 5 bis 10 Minuten ziehen lassen.
3. Die Frühlingszwiebeln und die Chilischoten putzen und in 1/2 Zentimeter große Stücke schneiden. Den Ingwer schälen und mit dem Küchenbeil zerschlagen. Die Knoblauchzehen schälen und durch eine Presse drücken.
4. Eine Pfanne oder einen Wok erhitzen, zweimal mit Öl ausschwenken. 1 Liter Öl in die Pfanne geben, erhitzen und die Nierenstückchen darin 1 1/2 Minuten unter Rühren fritieren. Danach die Nierenstückchen herausnehmen und das Öl abgießen.
5. Die Pfanne oder den Wok erneut erhitzen, zweimal mit Öl ausschwenken und 5 Eßlöffel Öl in die heiße Pfanne geben. Ingwer, Knoblauch und Chilischoten darin sehr kurz fritieren. Die Nierenstückchen dazugeben.
6. Den Reisweinsatz, das Tomatenketchup, die Gewürze, die Stärke und die Hühnerbrühe hinzufügen und erhitzen. Die Frühlingszwiebeln und die geschnittenen Wasserkastanien hineingeben und unter Rühren heiß werden lassen.

Für 3 Personen:

3 Schweinenieren (ca. 550 g)

für die Marinade:

1 TL Kartoffelstärke

1 Prise Salz

1 EL Wasser

2 EL Öl

2 TL Sojasoße

außerdem:

50 g Frühlingszwiebeln

2 Chilischoten

10 g frischer Ingwer

2 Knoblauchzehen

Öl zum Ausschwenken, Fritieren und Braten

3 EL Reisweinsatz

1 EL Tomatenketchup

1 Prise Glutamat

1/2 TL Pfeffer

1 TL Kartoffelstärke

1 1/2 EL Zucker

1 TL Salz

3 EL Hühnerbrühe

100 g Wasserkastanien

Zubereitungszeit:
ca. 30 Minuten
Zeit zum Marinieren:
ca. 5 Minuten

2 Schweineherzen (à 200 g)

Marinade (Seite 36)

120 g Bambussprossen

20 g Frühlingszwiebeln

10 g frischer Ingwer

2 Knoblauchzehen

Öl zum Ausschwenken und Braten

100 g vorbereitete chinesische Blumenpilze (Seite 44; ca. 30 g Trockengewicht)

SCHWEINEHERZ MIT CHINESISCHEN PILZEN UND BAMBUSSPROSSEN

SHUANG DONG ZHU XIU (Sichuan)

1. Die Schweineherzen in dünne Scheiben, dann in 3 mal 2 Zentimeter große Stücke schneiden und 30 Minuten in der Marinade ziehen lassen.
2. Die Bambussprossen in dünne Scheiben schneiden. Die Frühlingszwiebeln putzen und in 3 Zentimeter lange Stücke schneiden. Den Ingwer und den Knoblauch schälen und fein hacken.
3. Eine Pfanne oder einen Wok erhitzen, zweimal mit Öl ausschwenken. 10 Eßlöffel Öl in die Pfanne geben, erhitzen und den Ingwer und den Knoblauch 10 Sekunden darin anbraten. Das Schweineherz, die Pilze und die Bambussprossen dazugeben und 2 Minuten unter Rühren braten.
4. Die Sojasoße hinzugeben und kurz aufkochen lassen. Zucker, Pfeffer, Salz, Reiswein, den karamelisierten Zucker, Glutamat, die angerührte Kartoffelstärke und die Hühnerbrühe hineingeben und 1 Minute kochen lassen.
5. Zum Schluß das Gericht mit Sesamöl beträufeln. Alles noch einmal 1/2 Minute kochen.

für die Soße:

60 ml dunkle Sojasoße

1 1/2 EL Zucker

1/2 TL weißer Pfeffer

1/2 TL Salz

3 EL Reiswein

3 EL karamelisierter Zucker

1 Prise Glutamat

2 TL Kartoffelstärke, mit 3 EL Wasser verrührt

120 ml Hühnerbrühe

3 EL Sesamöl

Zubereitungszeit: ca. 20 Minuten Zeit zum Marinieren: ca. 30 Minuten

Für 4 Personen:

3 Schweineherzen (à 200 g)

5 Eier

150 g frischer Ingwer

100 g Gewürzmischung

5 rote Chilischoten

2 EL Fünf-Gewürz-Pulver

120 ml Reiswein

1 Prise Glutamat

480 ml helle Sojasoße

6 EL Zucker

4 EL Salz

3 EL schwarzer Pfeffer

4 EL Sesamöl

300 g Tofu
(zweimal getrocknet)

50 g Frühlingszwiebeln

Zubereitungszeit:
ca. 60 Minuten
Zeit zum Kühlen:
mindestens 12 Stunden

HERZ MIT GEWÜRZSOSSE

LU ZHU XIN (Peking)

1. Die Schweineherzen in 1 Liter Wasser 5 Minuten kochen lassen. Das Fleisch herausnehmen. Die Eier 10 Minuten in reichlich Wasser bei kleiner Flamme in einem geschlossenen Topf kochen. Anschließend herausnehmen und 20 Minuten in kaltes Wasser legen.
2. Die Eier pellen. Den Ingwer schälen und fein hacken.
3. In einen 3 bis 4 Liter großen Topf die Gewürzmischung, die Chilischoten, den Ingwer, das Fünf-Gewürz-Pulver, den Reiswein, das Glutamat, die Sojasoße, den Zucker, das Salz, den Pfeffer, das Sesamöl, den Tofu und 2 1/2 Liter Wasser geben. Das Ganze 5 Minuten kochen lassen.
4. Die Schweineherzen und die Eier hineingeben. Bei starker Hitze 10 Minuten kochen. Nun bei kleinerer Flamme 20 Minuten kochen. Den Topf vom Feuer nehmen und das Gericht 20 Minuten ziehen lassen.
5. Anschließend das Fleisch und die Eier herausnehmen und bis zum nächsten Tag abkühlen lassen.
6. Zum Anrichten das Schweineherz, den Tofu und die Eier in dünne Scheiben schneiden und anrichten. Die Frühlingszwiebeln putzen und fein hacken. Das Gericht damit bestreuen.

Tip

In China ist dieses kalte Hauptgericht äußerst beliebt und bekannt. Die Gewürzsoße kann sehr gut noch für andere Gerichte verwendet werden, geben Sie jedoch kein kaltes Wasser dazu. In der Soße können auch Schweineohren, Schweinepfoten, Schweineleber und Flügel von verschiedenem Geflügel gekocht werden. Auch Seetang ist dazu geeignet, man ißt ihn am liebsten kalt und mit einem Glas Wein.
Im Originalrezept wird anstelle des frischen geräucherter Tofu verwendet, der hierzulande aber nur schwer erhältlich ist. Zum Trocknen wird der frische Tofu fest in ein Tuch gebunden und mit einem schweren Gegenstand 2 bis 4 Tage lang gepreßt.

家禽

GEFLÜGEL

GEDÄMPFTE ENTE MIT ACHT KÖSTLICHKEITEN

BA BAN YA (Sichuan)

Für 5 Personen:

1 Ente (1800–2000 g)

für die Marinade:

2 Knoblauchzehen

10 g frischer Ingwer

3 EL Reiswein

½ EL gemahlener Pfeffer

1 TL Salz

1 EL Sojasoße

für die Füllung:

150 g Reis

2 Knoblauchzehen

40 g Entenmagen

½ Scheibe gekochter Schinken (20 g)

40 g Bambussprossen

30 g vorbereitete chinesische Pilze (Seite 44, ca. 10 g Trockengewicht)

20 g Bauchspeck

8 EL Schweineschmalz

30 g Krabbenfleisch

30 g Möhre, in Würfel geschnitten und blanchiert

30 g grüne Erbsen

1 EL Glutamat

2 EL Sojasoße

2 EL karamelisierter Zucker

3 EL Reiswein

je ½ TL Salz und Pfeffer

außerdem:

1 Eiweiß

Öl zum Fritieren

1. Die Ente sorgfältig von den Knochen befreien. Dazu trennen Sie die Flügelknochen am zweiten Gelenk von der Spitze her ab, die Keulen am ersten Gelenk. Anschließend das Fleisch vorsichtig von der Karkasse lösen. Dabei immer wieder einschneiden und das Fleisch abziehen. Von innen her die Flügel- und die Keulenknochen am Gelenk durchtrennen. Anschließend die Flügelknochen von der Hautseite in das Fleisch schieben und den Knochen entfernen.
2. Die Knoblauchzehen und den Ingwer schälen, fein hacken, zusammen mit dem Reiswein, dem Pfeffer, dem Salz und der Sojasoße verrühren und die Ente in der Marinade einen Tag lang ziehen lassen.
3. Den Reis etwa vier Stunden lang in Wasser einweichen.
4. Für die Füllung den Knoblauch schälen und fein schneiden. Die Haut des Entenmagens abziehen und das Fleisch in ½ Zentimeter große Würfel schneiden. Den Schinken, die Bambussprossen, die Pilze und den Bauchspeck ebenfalls in ½ Zentimeter große Würfel schneiden.
5. Eine Pfanne oder einen Wok erhitzen, mit Öl ausschwenken. Anschließend das Schweineschmalz in die Pfanne geben und erhitzen. Den Knoblauch darin anbraten, dann den Entenmagen, den Schinken, das Krabbenfleisch, die Möhren, die Erbsen, die chinesischen Pilze und den Bambus in die Pfanne geben und 1 Minute braten.
6. Das Glutamat, die Sojasoße, den karamelisierten Zucker, den Reiswein, das Salz und den Pfeffer mischen, in die Pfanne geben und 1 Minute lang erhitzen. Die Herdplatte abstellen, den abgetropften Reis hinzufügen, 2 Minuten unter ständigem Rühren mischen und die Pfanne von der Herdplatte nehmen.
7. Die Ente aus der Marinade nehmen, gut abtropfen lassen, die Füllung in die Ente geben und diese mit 5 bis 6 Zahnstochern gut verschließen.
8. Die Ente etwa 2 Stunden über Wasser dämpfen.
9. Die gedämpfte Ente herausnehmen, mit Eiweiß bepinseln und in heißem Öl fritieren, bis sie goldgelb glänzt.

Tip
Füllen Sie die Ente nicht zu voll, da der Reis beim Dämpfen aufquillt. Hübsch sieht es aus, wenn Sie die Ente auf fritierten Glasnudeln servieren.

Zubereitungszeit: ca. 3 Stunden
Zeit zum Marinieren: ca. 24 Stunden

Für 3 Personen:

1 Ente (1800 bis 2000 g)

100 g Frühlingszwiebeln

5 rote Chilischoten oder Peperoni

150 g frischer Ingwer

100 g Gewürzmischung

1 EL Fünf-Gewürz-Pulver

120 ml Reiswein

480 ml helle Sojasoße

1 EL Glutamat

6 EL Zucker

4 EL Salz

3 EL Pfeffer

4 EL Sesamöl

Zubereitungszeit:
ca. 80 Minuten
Zeit zum Abkühlen:
ca. 2 Stunden

ENTE IN GEWÜRZSOSSE

Grundzubereitung

1. Die Ente sorgfältig waschen. Den Hals und den Schwanz abschneiden, damit die Soße nicht zu fett wird. Anschließend die Ente in reichlich kochendes Wasser geben und 10 Minuten lang kochen.
2. Die Chilischoten waschen und in 3 Zentimeter große Stücke schneiden. Den Ingwer schälen und in Scheiben schneiden. Die Frühlingszwiebeln putzen und halbieren. Anschließend alles zusammen mit der Gewürzmischung, Fünf-Gewürz-Pulver, Reiswein, Sojasoße, Glutamat, Zucker, Salz, Pfeffer, Sesamöl und 3 1/2 Liter Wasser in einem Topf auf großer Flamme aufkochen.
3. Dann die Ente hineingeben, 30 Minuten kochen. Anschließend wenden und nochmals 20 Minuten kochen, dann die Ente herausnehmen und 2 Stunden abkühlen lassen.
4. Erst jetzt kann die tiert (siehe Tip) den Knochen verwendet Ente im ganzen fri- oder das Fleisch von gelöst und weiter- werden.

Ententransport in Sichuan

Tip

Die Herstellung dieser Grundzubereitung ist ein wenig kompliziert, die Mühe lohnt sich aber bestimmt. Das Fleisch wird nämlich in einer Gewürzsoße gekocht, so daß es das volle Gewürzaroma aufnehmen kann. Umgekehrt wird der Geschmack der Soße durch das darin gegarte Fleisch intensiviert. Die für die Soße verwendeten Gewürze variieren je nach Gegend und individuellem Geschmack. Am häufigsten werden aber Sternanis, Sichuanpfeffer, getrocknete Nelken, Mandarinenschalen, Fenchelsamen, Zimt, Ingwer und Lakritz verwendet. Möchte man die Soße erst später verwenden, sollte sie kühl aufbewahrt werden, sie hält sich etwa 5 Monate. Vor der nächsten Verwendung muß noch etwas Salz und Sojasoße zugefügt werden.
Nach dem Kochen kann die Ente auch im ganzen oder in Stücken fritiert werden. Dazu die Ente in Stücke schneiden und das Fleisch von den Knochen ablösen. Die Fleischseite mit einer Mischung aus 3 Eßlöffeln Mehl und 4 Eßlöffeln Wasser bestreichen und die Entenstücke in reichlich heißem Öl bei großer Flamme 3 Minuten lang fritieren, anschließend 5 Minuten abkühlen lassen. Das Fleisch nochmals in das heiße Öl geben und so lange fritieren, bis es goldbraun ist.

GEDÄMPFTE ENTE MIT SCHWARZEN BOHNEN

MU YON ZHENG YA (Kanton)

Für 3 bis 4 Personen:

3 EL fermentierte, schwarze Bohnen

30 g Bambussprossen

150 g vorbereitete Blumenpilze (Seite 44; ca. 40 g Trockengewicht)

1 Ente (ca. 1800 g)

3 EL helle Sojasoße

2 EL Kao-Liang-Schnaps

1 TL Salz

3 Schalotten

Öl zum Ausschwenken

5 EL Sesamöl

Zubereitungszeit:
ca. 3 1/2 Stunden
Zeit zum Einweichen:
ca. 20 Minuten

1. Die Bohnen 20 Minuten in Wasser ziehen lassen. Dann das Wasser abgießen. Die Bambussprossen und die Blumenpilze in Streifen schneiden.
2. Die Ente 2 Minuten in Wasser kochen, herausnehmen und das Wasser wegschütten.
3. Die Bohnen, die Pilze, die Sojasoße, den Kao-Liang-Schnaps, das Salz und etwa 1/4 Liter Wasser in einen Porzellantopf geben. Eine Reisschale in die Soße stellen und darauf einen Teller legen. Die Ente auf den Teller legen und den Porzellantopf verschließen. Nun die Ente etwa 3 Stunden auf mittelgroßer Flamme dämpfen.
4. In der Zwischenzeit die Schalotten schälen und in hauchdünne Scheiben schneiden. Die Ente nach der Garzeit herausnehmen und warm stellen. Eine Pfanne oder einen Wok erhitzen, zweimal mit Öl ausschwenken. Das Sesamöl darin heiß werden lassen und die Schalottenscheiben unter Rühren kurz braten. Sofort die Soße aus dem Porzellantopf dazugeben und 2 Minuten unter ständigem Rühren auf mittelgroßer Flamme kochen.
5. Die heiße Soße über die gedämpfte Ente geben und servieren.

ENTE MIT ANANAS

TANG CU YA ZI (Kanton)

Für 3 Personen:

100 g Ananas (frisch oder aus der Dose)

4 Blätter Eisbergsalat

süß-saure Soße (Seite 36)

1 Ente in Gewürzsoße (1800 bis 2000 g, Seite 100)

Öl zum Fritieren

Zubereitungszeit:
ca. 30 Minuten
Zeit zur Zubereitung der Ente in Gewürzsoße:
ca. 3 1/2 Stunden

1. Die Ananas in Stücke schneiden. Die Salatblätter waschen und trockentupfen.
2. Die Ananasstücke auf die Mitte des Tellers, die Salatblätter auf den Tellerrand legen.
3. Die süß-saure Soße bereitstellen.
4. Die Ente in große Stücke schneiden, fritieren und auf der Ananas verteilen. Entweder direkt mit der süß-sauren Soße begießen oder die Soße als Beilage essen.

Tip
Es ist auch möglich, eine andere Beilage zuzubereiten. So können Möhren, grüne und rote Paprikaschoten und Ananas klein geschnitten und unter Rühren kurz gebraten werden. Dann wird das Gemüse zusammen mit der süß-sauren Soße gekocht.

Enten (Ya) züchten die Bauern lieber als Hühner, vor allem in den wasserreichen Provinzen Ostchinas, denn sie sind robuster und anspruchsloser als Hühner. Gehütet wird das genügsame Federvieh traditionell von den Kindern, die auf dem Land bereits in jungen Jahren mit Hand anlegen müssen.
Selbst Religion und Symbolik können nicht auf die Ente verzichten: In der buddhistischen Lehre steht die Ente für Ya, was soviel wie „das Böse unterdrükken" heißt. Und als Mandarinen-Ente symbolisiert das populäre Tier das eheliche Glück

Für 3 Personen:

3 Frühlingszwiebeln

20 g frischer Ingwer

1 Ente (1800 bis 2000 g)

10 g Sichuanpfefferkörner

15 g Sternanis

2 TL weißer Pfeffer

3 TL Salz

240 ml Reiswein

Öl zum Fritieren

Zubereitungszeit:
ca. 2 Stunden
Zeit zum Marinieren:
2 Tage

KNUSPRIGE ENTE
XIANG SU FEI YA (Sichuan)

1. Die Frühlingszwiebeln halbieren. Den Ingwer schälen und mit dem Küchenbeil oder dem Fleischklopfer zerschlagen. Der Ente mit dem Holzhammer auf das Brustbein schlagen, so daß sie flacher wird. Mit allen Zutaten würzen und 2 Tage ziehen lassen.
2. Anschließend die Ente mit allen Gewürzen 1 1/2 Stunden dämpfen.
3. Die Ente herausnehmen und 5 Minuten in heißem Öl fritieren. Aus dem Öl nehmen, dieses wieder ganz heiß werden lassen. Nun die Ente erneut in das heiße Öl geben und fritieren, bis sie hellbraun ist.

Tip
Zu dieser Ente paßt sehr gut eine Soße aus 2 Eßlöffeln süßer Sojabohnenpaste, 4 Eßlöffeln Reiswein, 3 Eßlöffeln Zucker und 1 1/2 Eßlöffeln Sesamöl.

Für 4 Personen:

1 Knoblauchzehe

20 g frischer Ingwer

1 Ente (ca. 2000 g)

Öl zum Ausschwenken und Braten

3 EL süße Bohnensoße (oder süße Sojasoße)

1 EL Sambal

120 ml Hühnerbrühe oder Wasser

3 EL Zucker

1 TL Pfeffer

1 Prise Glutamat

150 g Sojabohnenkeimlinge

2 EL Sesamöl

2 TL Kartoffelstärke in 5 EL Wasser verrührt

Zubereitungszeit:
ca. 90 Minuten

ENTE MIT SOJABOHNENKEIMLINGEN
YA CAI CHAO YA SI (Peking)

1. Den Knoblauch und den Ingwer schälen und fein hacken.
2. Die Ente 40 Minuten in Wasser kochen, wenden und nochmals 30 Minuten kochen. Das Entenfleisch von den Knochen lösen und in 4 Zentimeter lange und 1/2 Zentimeter breite Scheiben schneiden.
3. Eine Pfanne oder einen Wok erhitzen und zweimal mit Öl ausschwenken. 6 Eßlöffel Öl darin erhitzen und den Knoblauch und den Ingwer 20 Sekunden unter Rühren anbraten.
4. Das Entenfleisch, die süße Bohnensoße und den Sambal hinzufügen. Nun die Hühnerbrühe, den Zucker, Pfeffer und Glutamat dazugeben, gut miteinander verrühren und zum Kochen bringen. Zum Schluß die blanchierten Sojabohnenkeimlinge, das Sesamöl sowie die angerührte Kartoffelstärke hinzugeben und kurz aufkochen lassen.

GEBRATENE GÄNSEMÄGEN MIT INGWER

YA WEI CHAO JIANG SI (Peking)

1. Die äußere dicke Haut der Gänsemägen dünn abschneiden, da sie sehr zäh ist. Die Gänsemägen dann von außen rautenförmig einschneiden, große Mägen einmal durchschneiden. Anschließend in der Marinade 30 Minuten ziehen lassen.
2. Den Ingwer schälen, in 3 Zentimeter lange, 1/4 Zentimeter dicke Scheiben und 2 Zentimeter breite Stücke schneiden. Den Lauch putzen und zusammen mit den Chilischoten in ebenso große Stücke schneiden. Die Chilischoten können eventuell vorher entkernt werden.
3. In einer Reisschale Zucker, Salz, Bohnensoße, Tomatenketchup, Shaoshingwein und die angerührte Kartoffelstärke verrühren.
4. Eine Pfanne oder einen Wok erhitzen, zweimal mit Öl ausschwenken. 1 Liter Öl heiß werden lassen und die Gänsemägen darin 1 1/2 Minuten fritieren, das Fleisch mit einem Sieb herausnehmen und das Öl abgießen.
5. Die Pfanne oder den Wok erneut erhitzen und zweimal mit Öl ausschwenken. 10 Eßlöffel Öl darin heiß werden lassen und den Ingwer, den Lauch und die Chilischoten 1 Minute unter Rühren braten. Dann die fritierten Mägen hineingeben und unter Rühren kräftig braten. Die Soße hinzufügen und unter häufigem Rühren mehrmals aufkochen lassen.

Für 2 Personen:

450 g Gänse- oder Entenmagen

Marinade (Seite 36)

80 g frischer Ingwer

20 g Lauch

2 frische rote Chilischoten

1 1/2 EL Zucker

1 1/2 TL Salz

1 EL süße Bohnensoße

1 1/2 EL Tomatenketchup

2 EL Shaoshing- oder Reiswein

2 TL Kartoffelstärke, mit 5 EL Wasser verrührt

Öl zum Ausschwenken, Fritieren und Braten

Zubereitungszeit: ca. 30 Minuten
Zeit zum Marinieren: ca. 30 Minuten

GEBRATENE ENTE
MIT FRÜHLINGSZWIEBELN

DA CONG CHAO YA (Shanghai)

Für 3 Personen:

1 Ente in Gewürzsoße
(1800 bis 2000 g,
Seite 100)

200 g Frühlingszwiebeln

2 Knoblauchzehen

10 g frischer Ingwer

Öl zum Ausschwenken und
Braten

120 ml Gewürzsoße
(von der Entenzubereitung)

2 EL Zucker

2 TL schwarzer Pfeffer

2 EL Sojasoße

1 Prise Glutamat

2 EL Reiswein

120 ml Hühnerbrühe

3 TL Kartoffelstärke, mit
6 EL Wasser verrührt

2 TL Sesamöl

1. Das Entenfleisch von den Knochen lösen und dann in
4 Zentimeter lange und 2 Zentimeter breite Stücke
schneiden.
2. Die Frühlingszwiebeln waschen, putzen und in 4 Zentimeter lange Stücke schneiden. Die Knoblauchzehen
und den Ingwer schälen und fein hacken.
3. Eine Pfanne oder einen Wok vorwärmen und zweimal
mit Öl ausschwenken. 10 Eßlöffel Öl erhitzen, den
Knoblauch und den Ingwer etwa 10 Sekunden lang
unter Rühren anbraten. Dann das Entenfleisch und die
Frühlingszwiebeln hinzugeben und unter Rühren 1 weitere Minute braten.
4. Die Gewürzsoße, den Zucker, den Pfeffer, die Sojasoße, das Glutamat und den Reiswein dazugeben, die
Hühnerbrühe angießen. Das Ganze zum Kochen bringen und unter Rühren die Kartoffelstärke hinzufügen.
Anschließend mit dem Sesamöl den Geschmack
verfeinern.

Zubereitungszeit:
ca. 25 Minuten
Zeit zur Zubereitung der Ente
in Gewürzsoße:
ca. 3 1/2 Stunden

Tip
Wer scharfes Essen mag, kann
auch rote Chilischoten zusammen mit dem Knoblauch und
dem Ingwer anbraten.

HÄHNCHENFLEISCH MIT MANDELN

XING REN JI DING (Shanghai)

Für 2 Personen:

350 g Hähnchenschenkel-
fleisch

Marinade (Seite 36)

60 g Bambussprossen

40 g rote Paprikaschote

40 g Zuckerschoten

2 Knoblauchzehen

Öl zum Ausschwenken und
Braten

2 EL Zucker

2 TL Salz

1 Prise Glutamat

1/2 TL Pfeffer

160 ml Hühnerbrühe

3 TL Kartoffelstärke, mit
6 EL Wasser verrührt

2 TL Sesamöl

80 g geschälte,
fritierte Mandeln

Zubereitungszeit:
ca. 30 Minuten
Zeit zum Marinieren:
ca. 30 Minuten

1. Das Hähnchenfleisch in dünne Scheiben schneiden und 30 Minuten marinieren lassen.
2. Die Bambussprossen, die geputzte Paprikaschote und die Zuckerschoten in gleich große Scheiben schneiden. Den Knoblauch schälen und fein hacken.
3. Eine Pfanne oder einen Wok vorwärmen und zweimal mit Öl ausschwenken. In 8 Eßlöffel heißem Öl den Knoblauch etwa 15 Sekunden lang anbraten. Anschließend das Hähnchenfleisch dazugeben und bei großer Hitze unter Rühren kurz braten. Bambussprossen, Zuckerschoten und Paprikaschote hinzufügen und 1 Minute braten. Mit Zucker, Salz, Glutamat und Pfeffer abschmecken.
4. Dann die Hühnerbrühe hinzugeben und zum Kochen bringen. Nun die Kartoffelstärke unter Rühren dazugießen. Als letztes gibt man das Sesamöl darüber, dann wird das Ganze auf einen Teller gegeben und mit den vorbereiteten Mandeln bestreut.

Tip

Die Mandeln müssen für dieses Gericht vorher fritiert werden. Dazu die Mandeln mit reichlich Öl unter ständigem Rühren auf kleiner Flamme langsam aufkochen. Sobald sich im Öl Blasen bilden, stellt man die Flamme auf mittlere Stufe und rührt weiter um, bis die Mandeln goldgelb fritiert sind. Dann die Flamme auf volle Leistung stellen und die Mandeln kurz weiterfritieren, bis sie leicht braun sind. Dann herausnehmen und auf einem Sieb abtropfen und abkühlen lassen. Zum Schluß mit ein wenig Salz bestreuen.

Pfeifenraucher in Kunming

HÄHNCHEN IM BAU-TOPF

SAN BEI JI (Sichuan)

Tip

Der Bau-Topf ist ein spezieller chinesischer, dicker Metalltopf, der die Hitze sehr gut speichert. Er wird erhitzt, bevor die Speise hineingefüllt wird. Kommt dann das heiße Gericht mit der Flüssigkeit in den Topf, verdampft noch einmal ein wenig Soße. Wenn Sie diesen Topf nicht besitzen, können Sie das Hähnchen auch im Wok oder auf einer Platte servieren.

1. Das Hähnchen halbieren und in jeweils 5 Stücke schneiden. Die Chilischoten mit dem Küchenbeil oder dem Fleischklopfer zerschlagen. Den Ingwer schälen, die Frühlingszwiebeln putzen und beides in feine Streifen schneiden.
2. Einen Topf oder einen Wok erhitzen, zweimal mit Öl ausschwenken, 2 1/2 bis 3 Liter Öl darin erhitzen und die Hähnchenteile 1 1/2 Minuten fritieren. Herausnehmen und auf einem Sieb abtropfen lassen.
3. Eine Pfanne oder einen Wok erhitzen, mit Öl ausschwenken. 8 Eßlöffel Öl darin heiß werden lassen. Die Chilischoten, den Ingwer und die Frühlingszwiebeln hinzugeben und unter Rühren kurz braten, bis sich die Zutaten leicht dunkel verfärben. Nun die fritierten Hähnchenteile hineingeben und unter ständigem Rühren 20 Sekunden braten.
4. Reiswein, Glutamat, karamelisierten Zucker, Sojasoße, Zucker, Salz und Pfeffer hinzugeben, die Pfanne oder den Wok verschließen und das Ganze bei großer Flamme 3 Minuten kochen. Die Hitze verringern und weitere 15 Minuten kochen lassen.
5. Den Bau-Topf auf großer Flamme erhitzen. Wenn er sehr heiß ist, vom Herd nehmen und das Sesamöl hineingeben. Nun die Soße mit der angerührten Kartoffelstärke binden und gut durchkochen lassen.
6. Zum Schluß die Hähnchenteile in den Bau-Topf geben, den Deckel auflegen und das Gericht in diesem Topf servieren.

Für 3 Personen:

1 Hähnchen
(1200 bis 1500 g)

5 frische Chilischoten

20 g frischer Ingwer

3 Frühlingszwiebeln

Öl zum Ausschwenken, Kurzbraten und Fritieren

240 ml Reiswein

1 Prise Glutamat

3 EL karamelisierter Zucker

3 EL Sojasoße

2 EL Zucker

1/2 TL Salz

1 EL schwarzer Pfeffer

5 EL Sesamöl

1 1/2 TL Kartoffelstärke, mit 3 EL Wasser verrührt

Zubereitungszeit:
ca. 45 Minuten

家禽

Hahn und Huhn galten einst als magische Tiere, an deren Verzehr niemand zu denken wagte, weil sie als Schutzpatrone gegen das Böse verehrt wurden. Noch heute zelebrieren die Chinesen alle zehn Jahre das „Jahr des Hahns", da dieser das zehnte Tier im Tierkreis darstellt. Allerdings ist inzwischen das Tabu gebrochen: Geflügel gilt als Delikatesse im ganzen Land

SAGO-HUHN

SHA GUO JI TANG (Sichuan)

1. Das Huhn 2 Minuten in Wasser kochen. Dann heraus-nehmen und das Wasser wegschütten.
2. Das Huhn in einen chinesischen Sagotopf oder in einen Edelstahltopf geben. Etwa 1 ½ Liter Wasser und den Reiswein hinzufügen und auf mittlerer Flamme so lange erhitzen, bis das Ganze zu kochen beginnt. Nun die Flamme klein stellen und das Huhn 30 Minuten kochen.
3. Gegen Ende der Garzeit den Spinat putzen und in die Brühe geben. Diese mit Salz, Zucker und Glutamat abschmecken.

Tip
Sollten Sie einen original-chinesischen Sagotopf verwen-den, dürfen Sie ihn nicht direkt auf den Tisch oder auf eine kalte Platte stellen, er zerplatzt sonst. Legen Sie ein dickes Tuch zwischen Tischplatte und Topf.

Für 4 Personen:

1 Huhn (ca. 1500 g)
3 EL Reiswein
50 g Spinat
2 TL Salz
1 ½ EL Zucker
1 Prise Glutamat

Zubereitungszeit:
ca. 40 Minuten

KÜKENFLEISCH MIT FRISCHEN CHILISCHOTEN UND SCHWARZEN BOHNEN

JI DING DO SI (Sichuan)

1. Das Fleisch in dünne Scheiben schneiden und 30 Minuten marinieren lassen.
2. Die Chilischoten in 3 Zentimeter lange Scheiben schneiden. Die Knoblauchzehen und den Ingwer schälen und fein hacken.
3. Eine Pfanne oder einen Wok vorwärmen und zweimal mit Öl ausschwenken. 10 Eßlöffel Öl darin erhitzen, den Knoblauch und den Ingwer 10 Sekunden unter Rühren braten. Anschließend das Fleisch, die Chilischoten und die schwarzen Bohnen hinzufügen und bei starker Hitze 2 bis 3 Minuten unter Rühren braten.
4. Den Zucker, das Salz, den Pfeffer, das Glutamat und die Hühnerbrühe in die Pfanne oder den Wok geben. Das Ganze zum Kochen bringen, dann unter Rühren die angerührte Kartoffelstärke hineingeben, kurz auf-kochen und das Sesamöl darüber geben.

Für 2 Personen:

500 g Küken- oder Hähn-chenfleisch
Marinade (Seite 36)
100 g frische Chili- oder rote Paprikaschote
2 Knoblauchzehen
10 g frischer Ingwer
Öl zum Ausschwenken und Braten
50 g fermentierte schwarze Bohnen, 20 Minuten gewässert
2 El Zucker
2 TL Salz
2 TL schwarzer Pfeffer
1 Prise Glutamat
160 ml Hühnerbrühe
3 TL Kartoffelstärke, mit 6 EL Wasser verrührt
2 TL Sesamöl

Zubereitungszeit:
ca. 30 Minuten
Zeit zum Marinieren:
ca. 30 Minuten

Für 4 Personen:

2 Frühlingszwiebeln

25 g frischer Ingwer

1 Hähnchen (ca. 1500 g)

3 EL Salz

3 Knoblauchzehen

Öl zum Ausschwenken und Braten

240 ml Reiswein

Zubereitungszeit
(ohne Zeit zum Abkühlen):
ca. 40 Minuten
Zeit zum Marinieren:
ca. 24 Stunden

IN WEIN EINGELEGTES HÄHNCHENFLEISCH

醉 鸡 (Sichuan)

1. Die Frühlingszwiebeln putzen, den Ingwer schälen und beides klein schneiden.
2. Das küchenfertige Hähnchen mit den Frühlingszwiebeln und dem Ingwer in einen Topf legen. So viel Wasser dazugeben, daß das Hähnchen gerade bedeckt ist, das Salz hinzufügen und das Hähnchen 10 Minuten kochen. Dann herausnehmen und erkalten lassen. Die Hühnerbrühe aufbewahren.
3. Das kalte Hähnchen mit den Knochen in 3 cm große Würfel schneiden. Die Knoblauchzehen schälen und mit dem Küchenbeil zerschlagen.
4. Eine Pfanne oder einen Wok erhitzen, zweimal mit Öl ausschwenken. 5 Eßlöffel Öl darin heiß werden lassen und den Knoblauch unter Rühren so lange braten, bis er braun ist. Nun die Hähnchenteile hinzugeben und 2 Minuten bei starker Hitze unter Rühren braten.
5. Das Hähnchen und den Knoblauch herausnehmen, in eine Schüssel geben und mit dem Reiswein und der Hühnerbrühe begießen. Die Schüssel mit einem Deckel verschließen und das Ganze 1 Tag lang kühl stellen.
6. Am nächsten Tag die Flüssigkeit abgießen und das Hähnchen kalt, eventuell auf Orangenscheiben servieren.

Für 3 Personen:

500 g Hähnchenfleisch

für die Marinade:

2 EL Sojasoße

5 EL Wasser

8 EL Öl

2 TL Kartoffelstärke

für die Soße:

3 TL Tomatenketchup

2 EL karamelisierter Zucker

1 Prise Glutamat

1 ½ EL Zucker

3 EL Sojasoße

½ TL Salz

3 EL Möhrenöl oder Sesamöl

3 EL Reiswein

1 ½ TL Kartoffelstärke, mit
3 EL Wasser verrührt

GEBRATENES HÄHNCHEN-FLEISCH MIT CHILISCHOTEN

GONG BAO JI DING (Sichuan)

1. Das Hähnchenfleisch in 1 ½ Zentimeter große Würfel schneiden, in der Marinade 5 Minuten ziehen lassen.
2. Die Zutaten für die Soße gut verrühren. Die Chilischoten halbieren. Den Ingwer schälen und in dünne Scheiben schneiden. Die Frühlingszwiebeln putzen und in 3 Zentimeter große Stücke schneiden.
3. Eine Pfanne oder einen Wok erhitzen, zweimal mit Öl ausschwenken. ¾ Liter Öl darin erhitzen. Dann die Chilischoten darin fritieren, bis sie sich dunkelbraun färben. Jetzt die Hähnchenfleischstücke in das Öl geben und unter ständigem Rühren 30 Sekunden fritieren. Nun die Ingwerscheiben und die Frühlingszwiebelstücke hineingeben und nochmals 10 Sekunden fritieren. Dann den gesamten Inhalt aus der Pfanne nehmen und in einem Sieb abtropfen lassen. Das Öl abgießen.
4. Die Pfanne oder den Wok erneut erhitzen und zweimal mit Öl ausschwenken. 8 Eßlöffel Öl darin erhitzen, die Sichuanpfefferkörner hineingeben und 10 Sekunden braten. Jetzt die Hähnchenstücke dazugeben und unter ständigem Rühren 30 Sekunden braten. Die Soße darübergießen und das Ganze kurz kochen lassen.

außerdem:

50 g getrocknete Chilischoten

20 g frischer Ingwer

50 g Frühlingszwiebeln

Öl zum Ausschwenken, Fritieren und Braten

5 g Sichuanpfefferkörner

Zubereitungszeit:
ca. 30 Minuten
Zeit zum Marinieren:
ca. 5 Minuten

Tip
Chilischoten, Frühlingszwiebeln und Ingwerscheiben werden nicht weiter verwendet, sie geben nur den Geschmack beim Fritieren ab.

HÄHNCHENFLEISCHSALAT MIT ERDNUSS

ZHA JI SU ROU (Peking)

Für 3 Personen:

1 Hähnchen
(1000 bis 1200 g)

einige Zweige Petersilie

100 g geröstete Erdnüsse

20 g Sesam

3 TL Zucker

1 ¹/₂ TL Salz

1 TL schwarzer Pfeffer

1 TL Sichuanpfeffer, gemahlen

3 EL Chiliöl

Zubereitungszeit
(ohne Zeit zum Auskühlen):
ca. 40 Minuten

Tip
Dieses Gericht wird im Sommer als kalte Hauptspeise gegessen. Es sieht sehr hübsch mit Petersilie bestreut aus. Garnieren Sie es mit grünem Spargel, Radieschen und einigen Salatblättern.

1. 2 ¹/₂ Liter Wasser zum Kochen bringen und das Hähnchen 30 Minuten lang darin kochen. Herausnehmen und erkalten lassen.
2. Anschließend die Haut entfernen, das Hähnchenfleisch von den Knochen lösen und in Stücke schneiden. Die Petersilie waschen und sehr fein hacken.
3. Die Erdnüsse mit dem Nudelholz zerkleinern. In einer Reisschale die Erdnußmasse, den Sesam, die Petersilie, den Zucker, das Salz, den Pfeffer und den Sichuanpfeffer verrühren und mit dem Hähnchenfleisch mischen. Zum Schluß das Chiliöl untermengen.

GEKOCHTE WACHTELN MIT MÖHREN UND STROHPILZEN

XIN FENG AM CHUN (Peking)

1. Den Chinakohl und die Möhren putzen, den Chinakohl längs vierteln, die Möhren in 2 Zentimeter große Würfel schneiden.
2. Die Wachteln zusammen mit dem Chinakohl 2 Minuten lang in 1 Liter Wasser kochen.
3. Anschließend in einen zweiten Topf die Wachteln, die Hühnerbrühe, die Möhren und die Strohpilze geben und 20 Minuten bei kleiner Flamme kochen.
4. Den Chinakohl hinzufügen und weitere 2 Minuten kochen. Zum Schluß den Zucker, den Kao-Liang-Schnaps, das Glutamat und das Salz hinzugeben und 5 Minuten bei geschlossenem Topf kochen lassen.

Für 4 Personen:

400 g Chinakohl

200 g Möhren

6 Wachteln

2 Liter Hühnerbrühe oder Wasser

100 g vorbereitete Strohpilze, chinesische Blumenpilze (Seite 44; ca. 20 g Trockenprodukt) oder frische Champignons

4 EL Zucker

6 EL Kao-Liang-Schnaps

1 Prise Glutamat

3 bis 4 TL Salz

Zubereitungszeit: ca. 40 Minuten

Tip
Dieses Gericht kann sehr gut auch gedämpft zubereitet werden. Die Garzeit beträgt dann 1 1/2 Stunden.

Verbotene Stadt von Peking

北京故宫

GESCHMORTE FASANEN-SCHENKEL IN REISWEIN

MI NO DUN JI TUI (Peking)

Einst begegneten die Chinesen dem Fasan mit Mißtrauen, denn er galt als unglückbringendes Tier. Falls er am Anfang des zwölften Mondmonats noch nicht geschrien hat, kündigt sich, so die Legende, eine Überschwemmung an. Sollte er auch in der Mitte des zwölften Monats noch keinen Schrei ausgestoßen haben, dann werden die Frauen unsittlich und verführen die Männer

1. Die Fasanenschenkel 5 Minuten in 1 Liter Wasser kochen.
2. Den Rettich schälen und in 2 Zentimeter breite Stücke schneiden. Diese halbieren. Den Ingwer schälen und in dünne Scheiben schneiden.
3. Eine Pfanne oder einen Wok erhitzen, zweimal mit Öl ausschwenken. Das Sesamöl hineingeben. Zunächst nur den Ingwer 30 Sekunden lang in Öl bräunen. Dann die Fasanen- und die Rettichstücke 1 Minute darin braten.
4. Den Reiswein, 1/4 bis 1/3 Liter Wasser, Glutamat, Salz und Zucker hinzugeben. Alles 2 Minuten lang bei starker Hitze durchkochen, dann die Hitzezufuhr verringern und das Ganze 50 Minuten schmoren lassen.

Für 2 Personen:

3 Fasanenschenkel oder Schenkel von anderem Geflügel

200 g junger Rettich

20 g frischer Ingwer

Öl zum Ausschwenken

60 ml dunkles Sesamöl

1/2 l Reiswein

1 Prise Glutamat

2 TL Salz

2 EL Zucker

Zubereitungszeit: ca. 60 Minuten

Für 5 Personen:

5 Tauben

Öl zum Ausschwenken und Fritieren

8 EL scharfe Sojasoße

1 TL weißer Pfeffer

1 EL Zucker

20 g Frühlingszwiebeln

einige Salatblätter

Zubereitungszeit: ca. 40 Minuten

FRITIERTE JUNGE TAUBEN MIT CHILISOSSE

YU LIN RU GE (Sichuan)

1. Die Tauben 2 Minuten lang in Wasser kochen. Dann herausnehmen und das Wasser wegschütten.
2. Die Tauben erneut mit Wasser aufsetzen und 15 Minuten kochen. Anschließend die gekochten Tauben 2 bis 4 Minuten in heißem Öl fritieren.
3. Eine Pfanne oder einen Wok erhitzen, zweimal mit Öl ausschwenken. Die Sojasoße und die fritierten Tauben nach und nach in die Pfanne geben. Dann den Pfeffer, den Zucker und die Frühlingszwiebeln hineingeben. Die Tauben so lange schmoren, bis die Soße leicht eingedickt ist.
4. Die Tauben hübsch auf Salatblättern anrichten.

Flußlandschaft am Lijiang

GEDÄMPFTER FASAN

QING ZHENG SHAN JI (Shanghai)

Für 3 Personen:

1 großer Fasan (1600 g)

20 g frischer Ingwer

20 g Ginseng

480 ml Reiswein

2 TL Salz

Zubereitungszeit: ca. 100 Minuten

1. Den küchenfertigen Fasan waschen und trockentupfen. Die Flügel zurückbinden und den Fasan in einen großen Porzellantopf legen.
2. Den Ingwer schälen, zusammen mit den Ginsengwurzeln, dem Reiswein und 1 Liter Wasser zum Fasan geben. Das Salz darüberstreuen und den Topf mit einem Deckel verschließen.
3. Den Fasan etwa 90 Minuten dämpfen und im Porzellantopf servieren.

Tip
Für dieses Gericht eignet sich ein älterer Wildfasan besser als ein gezüchteter.

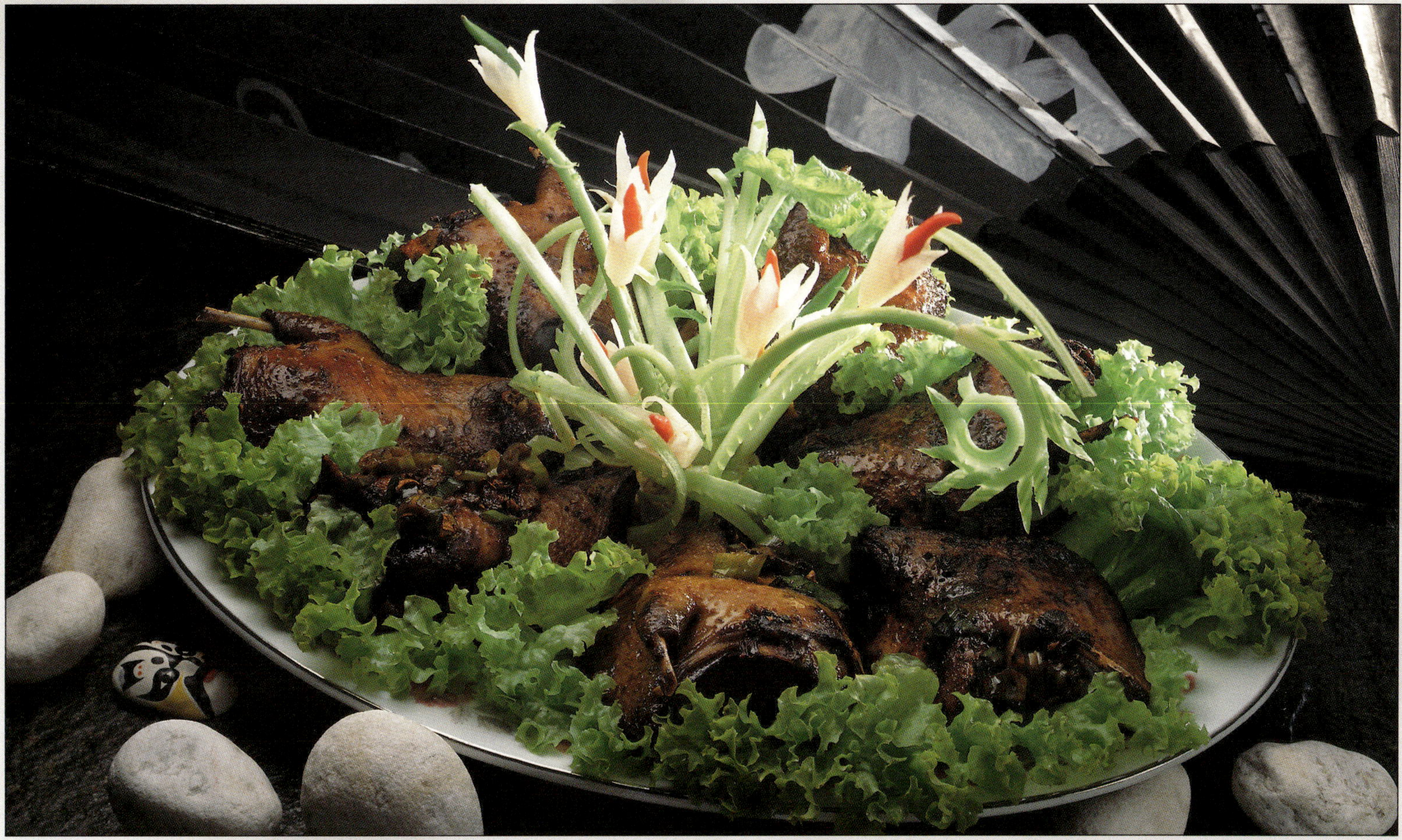

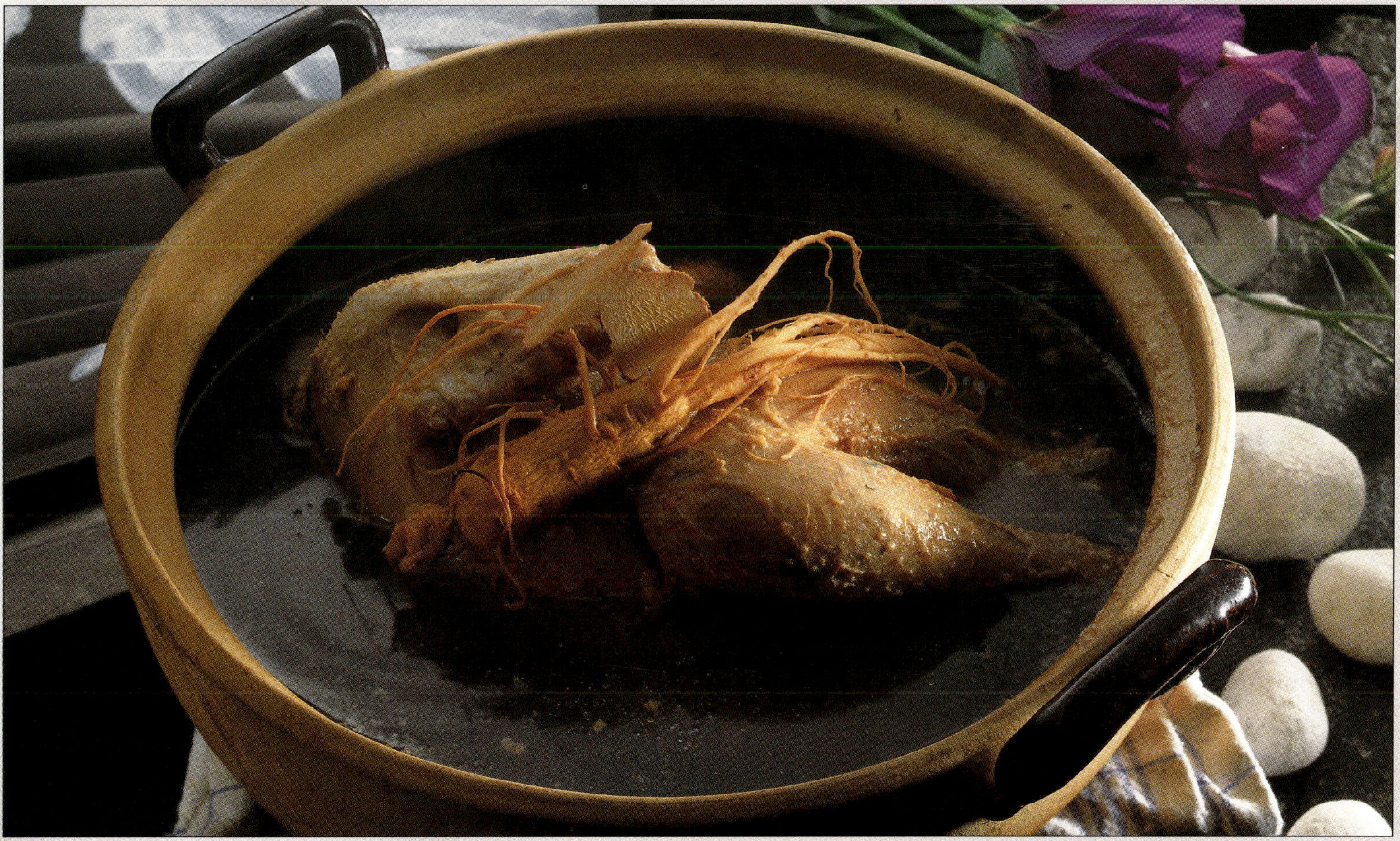

活魚和海鮮

FISCHE UND MEERESFRÜCHTE

Für 300 bis 500 g Fischfilet oder Meeresfrüchte:

350 g Mehl

1 Ei

2 EL Backpulver

50 g Kartoffelstärke

1 TL Salz

Mehl zum Bestäuben

Öl für den Teig und zum Fritieren

Zubereitungszeit:
ca. 15 Minuten
Zeit zum Ruhen:
ca. 30 Minuten

Für 3 Personen:

20 g frischer Ingwer

4 Knoblauchzehen

50 g frische Chilischoten

1 Stück küchenfertiger Karpfen (800 g) Goldbarsch oder Kabeljau

Öl zum Fritieren, Ausschwenken und Braten

120 ml Sojasoße

8 EL Zhejiang-Essig oder Essig (5 %)

3 EL Zucker

1 Prise Glutamat

3 EL Chiliöl

8 EL Reiswein

wenig Lauch

2 EL Sesamöl

Zubereitungszeit:
ca. 35 Minuten

PANIEREN UND VORFRITIEREN

Grundzubereitung für Fisch und Meeresfrüchte

1. Das Mehl mit dem Ei, dem Backpulver, der Kartoffelstärke, Salz und 1/4 Liter Wasser verrühren und 10 Minuten ruhen lassen. 10 Eßlöffel Öl dazugeben und nochmals 20 Minuten stehen lassen.
2. Den Fisch oder die Meeresfrüchte in die gewünschte Größe schneiden und mit Mehl bestäuben, damit eventuell vorhandenes Wasser aufgesogen wird. Anschließend den Fisch in die Panade tauchen und dann in heißem Öl fritieren. Dabei sehr vorsichtig wenden, sobald sich die Farbe verändert. Sind die Fischstücke leicht braun, diese herausnehmen und 5 Minuten abkühlen lassen.
3. Danach nochmals im heißen Öl bei steigender Hitzezufuhr fritieren, bis die Stücke goldbraun sind.
4. Nun den fritierten Fisch mit den anderen Zutaten je nach Rezept weiterverarbeiten.

KARPFEN MIT SCHARFER SOJASOSSE

DOU YOU YA (Sichuan)

1. Den Ingwer und den Knoblauch schälen und ebenso wie die Chilischoten sehr fein hacken.
2. Den Fisch waschen, trockentupfen, in 1 Liter Öl 5 Minuten fritieren, herausnehmen. Das Öl wieder heiß werden lassen und den Fisch weiterfritieren, bis er sich dunkelgelb verfärbt.
3. Eine Pfanne oder einen Wok erhitzen, zweimal mit Öl ausschwenken. Nun 8 Eßlöffel Öl in die Pfanne geben und sehr heiß werden lassen. Dann die Chilischoten 15 Sekunden darin braten. Nun den Knoblauch und den Ingwer hinzugeben und weitere 15 Sekunden darin braten.
4. Anschließend Sojasoße, Zhejiang-Essig, Zucker, Glutamat, Chiliöl und Reiswein hinzugeben und gut verrühren. Wenn die Soße heiß ist, den fritierten Fisch hinzugeben, kurz durchkochen lassen, einmal wenden.
5. Wenn die Soße etwas eingedickt ist, den in kleine Stücke geschnittenen Lauch darüberstreuen. Zum Schluß das Sesamöl darübergießen.

Für 2 Personen:

80 g vorbereitete chinesische Pilze (Seite 44; ca. 20 g Trockenprodukt)

100 g Bambussprossen

60 g Frühlingszwiebeln

2 Knoblauchzehen

Öl zum Ausschwenken und Braten

2 EL Sojasoße

1 1/2 EL Zucker

1 TL Pfeffer

1 1/2 TL Salz

GEBRATENER FISCH

CHAO YU PIAN (Kanton)

1. Die Morcheln und die Bambussprossen in gleichgroße Scheiben schneiden. Die Frühlingszwiebeln putzen und in 3 Zentimeter lange Stücke schneiden. Den Knoblauch schälen und fein hacken.
2. Eine Pfanne oder einen Wok erhitzen, zweimal mit Öl ausschwenken. Das Gemüse in wenig Öl unter Rühren kurz anbraten. Herausnehmen und beiseite stellen. 6 Eßlöffel Öl in der Pfanne erhitzen, den Knoblauch 15 Sekunden anbraten, dann Sojasoße, Zucker, Pfeffer, Salz, Reiswein, Glutamat und Hühnerbrühe hineingeben.
3. Die angerührte Kartoffelstärke hinzugeben, nun das Gemüse und danach den Fisch dazufügen, kurz aufkochen lassen. Das Gericht mit dem Sesamöl geschmacklich abrunden.

2 EL Reiswein oder Weißwein

1 Prise Glutamat

240 ml Hühnerbrühe oder Wasser

450 g Fischfilet (Lachs, Makrele oder Rotbarsch), paniert und vorfritiert (siehe links)

4 TL Kartoffelstärke, mit 6 EL Wasser verrührt

2 TL Sesamöl

Zubereitungszeit: ca. 15 Minuten
Zeit für das Vorfritieren: ca. 45 Minuten

FISCH AUF ZWEIERLEI ART ZUBEREITET

HUANG YU ER CHI (Shanghai)

Für 5 Personen:

1 küchenfertiger Karpfen (900 bis 1000 g) oder Lachs, Thunfisch, Rotbarsch am Stück

50 g Weißes von Frühlingszwiebeln

1 EL scharfe Sojabohnenpaste oder Sambal

2 EL karamelisierter Zucker

2 EL Reisweinsatz oder Reiswein

1 TL Pfeffer

2 EL Sojabohnenpaste

1 Prise Glutamat

1 EL Zucker

1 EL Sojasoße

2 EL Sesamöl

5 getrocknete Bohnenquarkblätter oder Teighüllen für Frühlingsrollen

50 g Sojabohnenkeimlinge

1 Eiweiß

1 Reisschale Kartoffelstärke

Öl zum Fritieren, Ausschwenken und Braten

1. Den Kopf des Karpfens abschneiden und die Filets von der Mittelgräte lösen. Die Gräten und den Kopf beiseite legen. Das Fischfilet in 3 Zentimeter lange und $^1/_2$ Zentimeter breite Stücke schneiden. Das Weiß der Frühlingszwiebeln in Streifen schneiden.
2. Die Karpfenfiletstücke mit dem Frühlingszwiebelweiß und der Sojabohnenpaste verrühren und in einen Topf geben. Den karamelisierten Zucker, Reisweinsatz, Pfeffer, süße Sojabohnenpaste, Glutamat, Zucker, Sojasoße und Sesamöl miteinander verrühren, zu dem Fisch geben und diesen etwa 1 Stunde ziehen lassen.
3. Die Bohnenquarkblätter 10 bis 15 Minuten in Wasser einweichen, in 13 Zentimeter große Quadrate schneiden. 2 bis 3 Fischstücke mit etwas Marinade darauflegen. Etwas Sojabohnenkeimlinge darüberlegen. Anschließend den Rand der Teigtasche mit Eiweiß bestreichen und gut verkleben.
4. Die Teigtaschen in der Kartoffelstärke wenden und in heißem Öl fritieren, bis sie goldgelb sind.
5. Die Frühlingszwiebeln in Würfel schneiden. Die Knoblauchzehen schälen und fein hacken. Eine Pfanne oder einen Wok erhitzen, zweimal mit Öl ausschwenken. 5 Eßlöffel Öl darin erhitzen und den Knoblauch 10 Sekunden braten. Danach die Gewürzmischung aus Tomatenketchup, Chilischotenpaste, Reisweinsatz, Zucker, Essig, Glutamat, Kartoffelstärke und die Frühlingszwiebeln hineingeben. Wenn die Soße heiß ist, 3 Eßlöffel Öl dazugießen, alles herausnehmen und in eine Schale geben. Die Soße als Beilage zu den Karpfentaschen servieren.
6. Für die Suppe die Hühnerbrühe zum Sieden bringen. Die Fischknochen mit dem Kopf in die Brühe geben. Das Sauergemüse in Streifen, den Ingwer in Scheiben und die Frühlingszwiebeln in Stücke schneiden. Zusammen mit dem Glutamat, Salz, Pfeffer, Reiswein und Zucker in die Suppe geben und 25 Minuten schmoren lassen.

Tip

Dieses sommerliche Hauptgericht wird in China in 2 Gängen serviert. Zuerst reicht man die Taschen mit der Soße. Unterdessen gart die Brühe, die als zweiter Gang gegessen wird. In China wird statt des Karpfens häufig der Gelbe Fisch oder ein karpfenähnlicher Fisch aus dem gelben Fluß genommen.

für die Soße:

20 g Frühlingszwiebeln

2 Knoblauchzehen

2 EL Tomatenketchup

1 EL Chilischotenpaste oder Sambal

1 EL Reisweinsatz oder Reiswein

1 EL Zucker

1 TL Essig (25 %)

1 Prise Glutamat

1 TL Kartoffelstärke, mit 2 EL Wasser verrührt

3 EL Salatöl

für die Suppe:

1 l Hühnerbrühe

100 g Sauergemüse (Dose)

5 g frischer Ingwer

5 g Frühlingszwiebeln

1 Prise Glutamat

2 TL Salz

1 TL Pfeffer

8 EL Reiswein

1 $^1/_2$ EL Zucker

Zubereitungszeit: ca. 35 Minuten
Zeit zum Marinieren: ca. 1 Stunde

Das Gericht Huang Yu Er Chi heißt wörtlich übersetzt: „Gelber Fisch auf zweierlei Art essen". Den Gelben Fisch können wir ohne Umschweife als den beliebtesten Meeresfisch Chinas bezeichnen – ohne ihn wäre die Shanghaier Küche um eine bedeutende Köstlichkeit ärmer. Er bevölkert die Küstengewässer nördlich der Zwölfmillionenstadt, die übrigens als die heimliche Hauptstadt Chinas gilt.
Bei den ebenfalls zahlreichen Süßwasserfischen unterscheiden die Chinesen vier Arten: Li Yu, Lian Yu, Cao Yu und Ji Yu. Während sie unter Yu ganz allgemein Fisch verstehen, bezeichnen sie mit Li Yu den Karpfen und mit Cao Yu den grasfressenden Fisch.
Unter den Karpfen ist der Hong Li Yu, der „Rote Karpfen", ein Exot, denn er tummelt sich nur im Gelben Fluß. Der zierliche und zarte Ji Yu wird von den Bauern gerne in den Naßreisfeldern ausgesetzt, um Schnecken und andere Parasiten zu fressen. Alle vier Arten können zusammen gezüchtet werden, weil sie in unterschiedlichen Tiefen leben und ganz verschiedene Nahrung zu sich nehmen

TINTENFISCH MIT GETROCKNETEN CHILISCHOTEN

GON BAO HUA CHI (Sichuan)

Für 3 Personen:

500 g frischer Tintenfisch

für die Marinade:

2 TL Kartoffelstärke

2 EL helle Sojasoße

2 EL Öl

3 EL Wasser

außerdem:

2 EL karamelisierter Zucker

2 EL helle Sojasoße

3 EL Tomatenketchup

1 TL weißer Pfeffer

2 EL Sesamöl

1 1/2 TL Kartoffelstärke, mit
3 EL Wasser verrührt

1 Prise Glutamat

1 1/2 EL Zucker

4 EL Hühnerbrühe

1 Prise Salz

2 Knoblauchzehen

20 g frischer Ingwer

20 g Frühlingszwiebeln

30 g getrocknete
Chilischoten

Öl zum Ausschwenken,
Fritieren und Braten

Zubereitungszeit:
ca. 30 Minuten
Zeit zum Marinieren:
ca. 15 Minuten

1. Die Tintenfische putzen, die Fangarme mit dem Kopf aus dem Körper ziehen und den Kopf abschneiden. Den Schulp entfernen. Den Körper aufschneiden und das Fleisch rautenförmig einschneiden. Dann in 6 Zentimeter große Würfel schneiden.
2. Die Zutaten für die Marinade verrühren, die Tintenfischstücke und die Fangarme 10 bis 15 Minuten darin ziehen lassen.
3. Karamelisierten Zucker, Sojasoße, Tomatenketchup, weißen Pfeffer, Sesamöl, Kartoffelstärke, Glutamat, Zucker, Hühnerbrühe und Salz verrühren und bereitstellen. Den Knoblauch und den Ingwer schälen und fein hacken. Die Frühlingszwiebeln putzen und das Weiße fein schneiden. Die Chilischoten halbieren.
4. Eine Pfanne oder einen Wok erhitzen, zweimal mit Öl ausschwenken und zu einem Drittel mit Öl füllen. Das Öl heiß werden lassen, dann die halbierten Chilischoten hineingeben und so lange fritieren, bis sie dunkelbraun sind.
5. Nun die marinierten Tintenfischstücke in das heiße Öl geben und unter Rühren etwa 1 Minute fritieren. Die Chilischoten und die Tintenfischstücke herausnehmen und auf einem Sieb abtropfen lassen. Das Öl abgießen.
6. Die Pfanne oder den Wok erneut erhitzen und 8 Eßlöffel Öl hineingeben. Wenn das Öl heiß ist, den Knoblauch, den Ingwer und die Frühlingszwiebeln 1 Minute unter Rühren braten. Nun den Tintenfisch und die Chilischoten hinzufügen und 1 weitere Minute unter Rühren braten. Die Soße dazugießen und das Ganze kurz aufkochen lassen.

Tip
Die Chilischoten werden nur wegen Ihres Aromas mitgebraten, auf keinen Fall sollten Sie mitgegessen werden. Garnieren Sie das Gericht mit Tomatenscheiben, das unterstreicht die Farbe der Speise.

GEDÄMPFTER AAL MIT ESSKASTANIEN UND CHINESISCHEN BLUMENPILZEN

BAN LI DANG GU ZHENG HE MAN (Peking)

1. Den Kopf und den Schwanz des Aales abschneiden. Den Aal häuten, sofern dies nicht der Fischhändler für Sie getan hat, und in 4 Zentimeter lange Stücke schneiden.
2. Die Bambussprossen in 2 mal 3 Zentimeter große Stücke schneiden. Den Ingwer und die Frühlingszwiebeln putzen und in Streifen schneiden.
3. Einen Topf oder einen Wok erhitzen, zweimal mit Öl ausschwenken. Dann darin 1 1/2 Liter Öl erhitzen, bis etwas Rauch aufsteigt, und den Aal 1 Minute fritieren, herausnehmen.
4. 6 Eßlöffel Öl in eine zweite vorbereitete Pfanne oder Wok geben und heiß werden lassen. Den Ingwer und die Frühlingszwiebeln hineingeben und 30 Sekunden unter Rühren braten. Nun Kastanien, Bambussprossen und Blumenpilze in die Pfanne geben und 1 Minute braten.
5. Jetzt die Zutaten für die erste Soße hinzugeben und 5 Minuten kochen. Nun alles in eine große Porzellanschale geben und diese verschließen.
6. Den Aal 40 Minuten dämpfen. Anschließend die Soße zurück in die Pfanne oder den Wok geben. Den Fisch auf einem Teller anrichten.
7. Die Soße nochmal zum Kochen bringen. Dann die Zutaten für die zweite Soße bis auf das Öl dazugeben und erneut aufkochen lassen. Das Salatöl hinzufügen, kurz weiterkochen lassen und alles über den Aal gießen.

Tip

Für dieses Gericht dämpft man den Aal am besten am Vortag. So können die Gewürze über Nacht einziehen, bevor die Speise zu Ende gegart wird. Wenn man nicht so viel Soße haben möchte, sollte man nicht die ganze Menge der ersten Soße zur Zubereitung der zweiten verwenden.
Das Gericht eventuell mit Tomatenachteln garnieren.

Für 3 Personen:

1 küchenfertiger Aal (ca. 600 g)

100 g Bambussprossen

10 g frischer Ingwer

10 g Frühlingszwiebeln

Öl zum Ausschwenken, Fritieren und Braten

150 g getrocknete Eßkastanien, in Wasser eingeweicht, oder aus der Dose

50 g vorbereitete chinesische Blumenpilze (Seite 44; ca. 15 g Trockenprodukt)

für die Soße 1:

3 EL Sojasoße

4 EL karamelisierter Zucker

1 Prise Glutamat

6 EL Schweineschmalz

2 EL Zucker

240 ml Hühnerbrühe

2 TL Salz

4 EL Reisweinsatz

für die Soße 2:

1 EL karamelisierter Zucker

1 TL Zucker

1 Prise Glutamat

1 EL Sojasoße

1 EL Kartoffelstärke, mit 4 EL Wasser verrührt

4 EL Salatöl

Zubereitungszeit: ca. 80 Minuten

GEDÄMPFTER LACHS

QING ZHENG YU (Sichuan)

1. Die Bambussprossen, die Blumenpilze und die Salami in Streifen schneiden. Den Ingwer schälen, mit dem Küchenbeil oder dem Fleischklopfer zerschlagen. Die Frühlingszwiebeln putzen, 2 Stück halbieren und 1 Zwiebel fein hacken.
2. Den Fisch $1/2$ Minute in kochendes Wasser geben, dann herausnehmen.
3. Den Fisch nun auf einen Teller legen und alle Zutaten bis auf die fein gehackten Zwiebeln und das Sesamöl auf dem Fisch verteilen. Anschließend 30 bis 40 Minuten dämpfen.
4. Die halbierten Frühlingszwiebeln und den Ingwer entfernen. Den Fisch mit den gehackten Frühlingszwiebeln bestreuen.
5. Das Sesamöl in einer Pfanne erhitzen, bis etwas Dampf aufsteigt, dann gleichmäßig über den Fisch gießen.

Für 3 Personen:

20 g Bambussprossen

80 g vorbereitete chinesische Blumenpilze (Seite 44; ca. 20 g Trockenprodukt)

30 g chinesische Salami

20 g frischer Ingwer

3 Frühlingszwiebeln

700 g küchenfertiger Lachs, Rotbarsch, Schwertfisch oder Kabeljau am Stück

1 $1/2$ TL Salz

6 EL Schweineschmalz

1 TL weißer Pfeffer

1 Prise Glutamat

2 EL Kao-Liang-Schnaps oder Reiswein

3 EL Sesamöl

Zubereitungszeit: ca. 55 Minuten

GEKOCHTER FISCH MIT SAMBAL UND LAUCH

DON BAN LI YU (Sichuan)

Für 3 Personen:

1 küchenfertiger Lachs
(600 bis 800 g), Karpfen
oder Lachsforelle

Öl zum Ausschwenken,
Fritieren und Braten

2 Knoblauchzehen

20 g frischer Ingwer

6 EL Schweineschmalz

4 EL scharfe Sojabohnen-
paste oder Sambal

200 ml Hühnerbrühe

1 TL Salz

3 EL Essig (5 %)

5 EL Reisweinsatz

1. Den Fisch waschen, trockentupfen. Den Kopf und den
Schwanz abschneiden und den Fisch auf beiden
Seiten je dreimal einschneiden. Dann in heißem Öl
5 Minuten fritieren.
2. Den Knoblauch und den Ingwer schälen und fein hak-
ken. Eine Pfanne oder einen Wok erhitzen, zweimal mit
Öl ausschwenken. Das Schweineschmalz in die Pfanne
oder den Wok geben und heiß werden lassen. Knoblauch und Ingwer darin 30 Sekunden braten, die Sojabohnenpaste hineingeben. 30 Sekunden braten.
3. Die Hühnerbrühe, Salz, Essig, Reisweinsatz und Glutamat mit dem Fisch in die Pfanne geben und diese mit
einem Deckel verschließen. Das Ganze auf großer
Flamme 5 Minuten kochen, danach den Fisch umdrehen. Dann 15 Minuten auf
kleiner Flamme schmoren.
Den Fisch herausnehmen.
4. Den Lauch oder die Frühlingszwiebeln fein hacken, in die
heiße Soße streuen, dann die
angerührte Kartoffelstärke einrühren. Die Soße kurz aufkochen
lassen und über den Fisch
geben.

2 EL Zucker

1 Prise Glutamat

wenig Lauch oder
Frühlingszwiebeln

2 TL Kartoffelstärke, mit
5 EL Wasser verrührt

Zubereitungszeit:
ca. 40 Minuten

129

Für 2 Personen:

3 EL fermentierte schwarze Bohnen

20 g frischer Ingwer

2 Knoblauchzehen

1 küchenfertige Seezunge (ca. 800 g)

3 EL Mehl

Öl zum Ausschwenken, Fritieren und Braten

2 EL Sambal

2 EL Reiswein

½ TL Salz

1 Prise Glutamat

1 EL Zucker

Zubereitungszeit: ca. 40 Minuten
Zeit zum Wässern: ca. 20 Minuten

SEEZUNGE MIT SCHWARZEN BOHNEN

DOU GU ZHENG YU KUAI (Shanghai)

1. Die Bohnen 20 Minuten in Wasser ziehen lassen. Inzwischen den Ingwer und den Knoblauch schälen. Den Knoblauch fein hacken und den Ingwer in Scheiben schneiden.
2. Die Bohnen abgießen und mit Küchenkrepp gründlich trockentupfen. Den Fisch waschen, trockentupfen und mit Mehl bestäuben.
3. Eine Pfanne oder einen Wok erhitzen, zweimal mit Öl ausschwenken, dann 1 Liter Öl hineingeben und heiß werden lassen.
4. Die Seezunge leicht schütteln, damit das überschüssige Mehl abfällt, dann in das heiße Öl geben und 5 Minuten fritieren. Herausnehmen und beiseite stellen. Das Öl nochmal gut erhitzen, den Fisch wieder hineingeben und 3 bis 4 Minuten fritieren, bis er kräftig braun ist. Die Seezungenstücke herausnehmen und auf einem Sieb abtropfen lassen. Das Öl abgießen.
5. Die Pfanne oder den Wok erneut erhitzen und 5 Eßlöffel Öl hineingeben. Wenn das Öl heiß ist, die schwarzen Bohnen dazugeben und unter Rühren 1 Minute braten. Den Ingwer, den Knoblauch und den Sambal hinzufügen und 1 weitere Minute unter Rühren braten.
6. Sambal, Reiswein, Salz, Glutamat, Zucker und 10 Eßlöffel Wasser in die Pfanne geben und kurz aufkochen lassen.
7. Den fritierten Fisch dazugeben, die Pfanne abdecken und das Ganze 10 Minuten schmoren lassen. Zwischendurch den Fisch einmal wenden.

FRITIERTE LACHSFORELLE MIT SÜSS-SAURER SOSSE UND ERDNÜSSEN

SONG ZI YU (Peking)

1. Die Filets jeweils dreimal bis zur Mittelgräte einschneiden. Den Ingwer schälen und fein hacken.
2. Die Fische mit dem Reiswein und dem Ingwer in eine Schüssel geben und das Ganze 20 Minuten ziehen lassen. Danach herausnehmen und in eine andere Schüssel geben. Der Reiswein mit dem Ingwer wird nicht mehr benötigt. Die Fische im Mehl wenden.
3. Eine Pfanne oder einen Wok erhitzen, zweimal mit Öl ausschwenken. 1 Liter Öl in die Pfanne geben und so lange heiß werden lassen, bis etwas Rauch aufsteigt. Die Fische ins heiße Öl geben und 5 Minuten fritieren, wobei sie mehrmals gewendet werden müssen. Dann herausnehmen, auf einem Sieb abtropfen und 8 Minuten ruhen lassen. Das Öl erneut erhitzen und die Fische nun so lange fritieren, bis sie dunkelbraun geworden sind. Anschließend auf einem Teller anrichten und das Öl abgießen.
4. Die Pfanne oder den Wok erneut erhitzen, zweimal mit Öl ausschwenken und 5 Eßlöffel Öl hineingeben. Auf kleiner Flamme heiß werden lassen, 10 Eßlöffel Wasser, das Tomatenketchup, den Zucker und den Essig hinzufügen, gut verrühren, die Flamme mittelgroß stellen und das Ganze 30 Sekunden kochen lassen. Jetzt die Flamme groß stellen, die angerührte Kartoffelstärke dazugeben, kurz aufkochen lassen.
5. Nun die Möhren, die Erbsen, die klein geschnittenen Blumenpilze und die Krabben hinzugeben, verrühren und aufkochen lassen. Die Soße über den Fisch gießen und zum Schluß die Erdnüsse darüberstreuen.

Himmelstempel in Peking

Für 3 Personen:

3 kleine küchenfertige Lachsforellen (à 400 g)

10 g frischer Ingwer

5 EL Reiswein

6 EL Mehl

Öl zum Ausschwenken, Fritieren und Braten

für die Soße:

8 EL Tomatenketchup

6 EL Zucker, 15 EL Essig (5%)

5 TL Kartoffelstärke, mit 12 EL Wasser verrührt

50 g klein gewürfelte, blanchierte Möhren

50 g frische Erbsen

120 g vorbereitete chinesische Blumenpilze (Seite 44; ca. 30 g Trockenprodukt)

100 g gekochte, geschälte Krabben

30 g ungesalzene Erdnüsse

Zubereitungszeit: ca. 40 Minuten
Zeit zum Marinieren: ca. 20 Minuten

GESCHMORTER FISCH MIT FRÜHLINGSZWIEBELN

HONG SHAO YU (Kanton)

Für 2 Personen:

2 Knoblauchzehen

150 g Frühlingszwiebeln

Öl zum Ausschwenken und Braten

2 EL Kao-Liang-Schnaps

2 EL Zucker

1 ½ EL Tomatenketchup

1 TL Pfeffer

1 TL Salz

1 ½ EL karamelisierter Zucker

1. Die Knoblauchzehen schälen und fein hacken. Frühlingszwiebeln putzen und in 3 Zentimeter lange Stücke schneiden.
2. Eine Pfanne oder einen Wok erhitzen und zweimal mit Öl ausschwenken. In 6 Eßlöffeln heißem Öl den Knoblauch kurz anbraten.
3. Dann Kao-Liang-Schnaps, Zucker, Tomatenketchup, Pfeffer, Salz, karamelisierten Zucker, Sojasoße, Glutamat und den fritierten Fisch hineingeben und mit der Hühnerbrühe zusammen 3 Minuten lang auf starker Flamme schmoren, anschließend die Hitzezufuhr reduzieren und 10 bis 15 Minuten auf kleiner Flamme köcheln lassen.
4. Die Soße mit der Kartoffelstärke andicken. Die Frühlingszwiebeln hinzugeben, mehrmals durchrühren und das Ganze mit Sesamöl beträufeln.

4 EL Sojasoße oder gesüßte Sojasoße

1 Prise Glutamat

500 g Fischfilet (Lachs, Schwertfisch oder Köhler)

240 ml Hühnerbrühe oder Wasser

3 TL Kartoffelstärke, mit 6 EL Wasser verrührt

2 TL Sesamöl

Zubereitungszeit:
ca. 35 Minuten
Zeit für das Vorfritieren:
ca. 45 Minuten

GARNELEN MIT CASHEWNÜSSEN

YAO GO XIA REN (Shanghai)

Für 2 Personen:

380 g mittelgroße Garnelen oder Nordseekrabben

Marinade (Seite 36)

100 g Bambussprossen

40 g Frühlingszwiebeln

Öl zum Ausschwenken und Braten

2 Knoblauchzehen

1 EL Zucker

1/2 TL Pfeffer

1. Die Garnelen schälen, waschen und 20 Minuten marinieren lassen.
2. Die Bambussprossen in Scheiben, die geputzten Frühlingszwiebeln in 4 Zentimeter lange Stücke schneiden.
3. Eine Pfanne oder einen Wok erhitzen, mit Öl zweimal ausschwenken. Anschließend die Garnelen in wenig Öl unter Rühren kurz braten. Herausnehmen, das Gemüse kurz braten. Herausnehmen und beiseite stellen.
4. Die Pfanne oder den Wok erneut erhitzen, zweimal mit Öl ausschwenken. 8 Eßlöffel Öl heiß werden lassen, zunächst den Knoblauch 20 Sekunden braten, dann die Frühlingszwiebeln und die Bambussprossen hinzugeben und 1 Minute mitbraten. Nun die Garnelen hinzufügen und mit Zucker, Pfeffer, Glutamat, Salz und Reiswein abschmecken.
5. Die Hühnerbrühe hinzugießen und aufkochen lassen. Die angerührte Kartoffelstärke hineinrühren, kurz aufkochen lassen und mit Sesamöl den Geschmack abrunden. Auf Tellern verteilen und mit den Cashewnüssen bestreuen.

1 Prise Glutamat

1 1/2 TL Salz

2 EL Reiswein

150 ml Hühnerbrühe oder Wasser

4 TL Kartoffelstärke, mit 6 EL Wasser verrührt

3 TL Sesamöl

160 g geröstete und gesalzene Cashewnüsse

Zubereitungszeit: ca. 30 Minuten
Zeit zum Marinieren: ca. 20 Minuten

ZWEI KRABBENGERICHTE

YUAN YANG XIY REN (Sichuan)

Für 4 Personen:

1000 g frische geschälte Krabben

für die Marinade:

1 Eiweiß

3 TL Kartoffelstärke

1/2 TL Salz

3 EL Wasser

5 EL Öl

für das 1. Gericht:

2 EL Tomatenketchup

1 EL Chilisoße oder Sambal

1 Prise Glutamat

1 EL Zucker

1 1/2 EL Reisweinsatz

1 TL Kartoffelstärke, mit 2 EL Wasser verrührt

1 Knoblauchzehe

20 g frischer Ingwer

80 g Frühlingszwiebeln

für das 2. Gericht:

50 g getrocknete Chilischoten

15 g Frühlingszwiebeln

15 g frischer Ingwer

1 1/2 EL karamelisierter Zucker

1 1/2 EL Tomatenketchup

1 Prise Glutamat

1 1/2 TL Zucker

1 1/2 TL Kartoffelstärke, mit 3 EL Wasser verrührt

2 EL Sojasoße

1/2 TL weißer Pfeffer

5 EL Hühnerbrühe

2 TL Sesamöl

1/2 TL (2 g) Sichuanpfefferkörner

außerdem:

Öl zum Ausschwenken, Fritieren und Braten

1 große Tomate

Zubereitungszeit: ca. 45 Minuten
Zeit zum Marinieren: ca. 20 Minuten

1. Die Krabben mit dem Eiweiß, der Kartoffelstärke, dem Salz, dem Wasser und dem Öl verrühren und 20 Minuten marinieren lassen.
2. Für das erste Gericht Tomatenketchup, Chilisoße, Glutamat, Zucker, Reisweinsatz und Kartoffelstärke in einer Reisschale gut verrühren. Den Knoblauch und den Ingwer schälen und fein hacken. Die Frühlingszwiebeln putzen und fein schneiden.
3. Für das zweite Gericht die Chilischoten halbieren, die Frühlingszwiebeln putzen und das Weiße in Streifen schneiden. Den Ingwer schälen und in dünne Streifen schneiden.
4. Karamelisierten Zucker, Tomatenketchup, Glutamat, Zucker, Kartoffelstärke, Sojasoße, weißer Pfeffer, Hühnerbrühe und Sesamöl in einer Reisschale verrühren.
5. Eine Pfanne oder einen Wok erhitzen, zweimal mit Öl ausschwenken. 3/4 Liter Öl hineingeben, und wenn es heiß ist, die Hälfte der Krabben darin fritieren. Nach 45 Sekunden aus dem Öl nehmen und auf einem Sieb abtropfen lassen.
6. Das Öl erneut erhitzen und die Chilischoten für das zweite Gericht darin fritieren, bis sie dunkel sind. Dann die zweite Hälfte der Krabben in das Öl geben und 30 Sekunden fritieren. Den Ingwer und die Frühlingszwiebeln hinzugeben, nach 15 Sekunden alles aus dem Öl nehmen und auf einem Sieb gut abtropfen lassen.
7. Eine zweite Pfanne oder einen Wok erhitzen, zweimal mit Öl ausschwenken und 5 Eßlöffel Öl hineingeben. Den Knoblauch und den Ingwer für das erste Gericht darin 30 Sekunden anbraten. Die erste Hälfte der fritierten Krabben dazugeben und unter ständigem Rühren kurz braten.
8. Die vorbereitete Soße hinzugeben und 1 Minute durchkochen lassen. Die klein geschnittenen Frühlingszwiebeln darüberstreuen und das Gericht mit 2 Eßlöffeln Öl verfeinern.
9. Für das zweite Gericht ebenfalls einen Wok oder eine Pfanne erhitzen, zweimal mit Öl ausschwenken und 10 Eßlöffel Öl hineingeben. Wenn das Öl heiß ist, die Sichuanpfefferkörner hinzugeben und 15 Sekunden anbraten. Die zweite Hälfte der fritierten Krabben und die fritierten Chilischoten in die Pfanne geben und unter ständigem Rühren weitere 15 Sekunden braten.
10. Nun die vorbereitete Soße darübergeben und das Ganze 1 Minute durchkochen lassen.
11. Zum Anrichten die Tomate waschen und halbieren, die Hälften in dünne Scheiben schneiden. Die Scheiben auf einen großen Teller legen und die beiden Gerichte darauf anrichten.

*Flußkrebse leben in nahezu
allen der rund 1500 chinesischen Flüsse; natürlich auch in
den beiden mächtigsten*

Flußlandschaft am Lijiang

Strömen, dem Yangtse
(6380 km) und dem Gelben
Fluß (5464 km). Im Einzugsge-
biet des Gelben Flusses, des
Huang He, soll vor über 5000
Jahren die Wiege der chinesischen Zivilisation gestanden
haben. Heute erstrecken sich
20 Prozent der Ackerfläche
Chinas auf diesem Gebiet.
Dem legendären Kaiser Yü
wird die magische Kraft nachgesagt, die Gewässer gebän-
digt zu haben. Traditionell
beherrschen Flußgötter die
Flüsse, deshalb warfen die
Menschen der chinesischen
Antike Speiseopfer ins Wasser

FLUSSKREBSE MIT GLASNUDELN

JIAO YAN ZAO XIA (Sichuan)

Für 2 Personen:

20 g Glasnudeln

Öl zum Fritieren,
Ausschwenken und Braten

800 g lebende Flußkrebse

15 g frischer Ingwer

3 Schalotten

2 TL Knoblauchpfeffer oder
2 Knoblauchzehen

1 ½ EL Zucker

1 ½ TL Salz

1 Prise Glutamat

1 TL Pfeffer

3 EL Sojasoße

Zubereitungszeit:
ca. 25 Minuten

1. Die Glasnudeln in 1 Liter Öl etwa 2 Minuten fritieren, dabei mit einem Schaumlöffel die oberen Nudeln nach unten drehen. Anschließend die Nudeln herausnehmen und auf einem Sieb abtropfen lassen. Auf einen Teller legen und mit den Händen etwas zusammendrücken.
2. Die Flußkrebse kurz abspülen und abtropfen lassen. Dann etwa 2 Minuten im Öl der Glasnudeln fritieren. Herausnehmen und die Schwänze abdrehen.
3. Den Ingwer und die Schalotten schälen, beides sehr fein hacken.
4. Eine Pfanne oder einen Wok erhitzen, zweimal mit Öl ausschwenken. Dann die Schalotten und den Ingwer in wenig Öl kurz braten. Die Flußkrebsschwänze hinzufügen und mit dem Knoblauchpfeffer oder dem fein gehackten frischen Knoblauch, dem Zucker, dem Salz, dem Glutamat, dem Pfeffer und der Sojasoße unter Rühren kurz braten.
5. Die Krebsschwänze zusammen mit den fritierten Krebsköpfen auf die Glasnudeln setzen.

Für 3 Personen:

650 g frische geschälte Garnelen

100 g fetten frischen Bauchspeck

3 EL Öl

1 ½ TL Backpulver

1 ½ TL weißer Pfeffer

1 Eiweiß

1 TL Salz

2 EL Reiswein

Öl zum Fritieren

4 bis 5 Blätter Salat

3 TL Tsiau-Jien-Pfeffer (Seite 68) oder gemahlener Sichuanpfeffer

Zubereitungszeit: ca. 30 Minuten
Zeit zum Ziehen: ca. 10 Minuten

Für 4 Personen:

12 Riesengarnelen

je 2 Prisen Salz, Zucker, Glutamat, Pfeffer

5 TL Schnaps oder Reiswein

8 Salatblätter

1 Tomate

süß-saure Soße (Seite 36)

Mehl zum Bestäuben

Panade (Seite 122)

Öl zum Fritieren

Zubereitungszeit: ca. 25 Minuten
Zeit zum Marinieren: ca. 5 Minuten

Tip
Richten Sie die Garnelen in einer ausgehöhlten Aubergine oder Zucchini und mit Tomatenscheiben an.

FRITIERTE GARNELENKLÖSSCHEN
ZHA XIA QIO (Sichuan)

1. Die frischen Garnelen im Mixer zerkleinern oder mit dem Küchenbeil sehr fein hacken und in eine Schüssel geben. Das Schweinefett in sehr kleine Würfel schneiden und dazugeben. Das Öl, das Backpulver, den weißen Pfeffer, das Salz, den Reiswein und das Eiweiß zu den Garnelen und dem Fett geben und gut durchrühren. Nun etwa 10 Minuten ziehen lassen.
2. 1 Liter Öl in eine kalte Pfanne oder einen Wok gießen. Von der Garnelenhackmasse mit dem Teelöffel kleine Klößchen abstechen und in das kalte Öl geben. Auf kleiner Flamme 2 Minuten fritieren. Dann unter Rühren auf mittelgroßer Flamme fritieren, bis sich die Klößchen braun färben.
3. Die Salatblätter waschen, trockentupfen und klein schneiden. Klößchen auf den Blättern anrichten und mit Sichuanpfeffer bestreuen.

Variation
Die Klößchen können vor dem Fritieren in Weißbrotwürfel gewälzt werden.

GARNELEN FRITIERT
ZHA DA XIA (Peking)

1. Die Garnelen schälen, dabei die Schwanzflosse aus optischen Gründen nicht entfernen. Die Garnelen waschen, am Rücken leicht einschneiden und mit einer Gabel etwa zehnmal einstechen, damit sie sich beim Fritieren nicht krümmen.
2. Anschließend mit je 1 Prise Salz, Zucker, Glutamat, Pfeffer und Schnaps etwa 5 Minuten lang marinieren.
3. Als Dekoration Salatblätter und Tomatenscheiben auf 2 Teller legen.
4. Die süß-saure Soße nach Vorschrift zubereiten und nochmals mit Salz, Pfeffer und wenig Glutamat abschmecken.
5. Die Garnelen mit etwas Mehl bestäuben, damit das überschüssige Wasser aufgesogen wird, dann in die Panade geben und darin wenden. Dabei jedoch darauf achten, daß der Schwanz der Garnelen nicht mitpaniert wird.
6. Eine Pfanne oder einen Wok zur Hälfte mit Öl füllen und erhitzen. Die Garnelen einzeln in das heiße Öl geben und darauf achten, daß sie nicht aneinander kleben. So lange fritieren, bis der Teig goldgelb ist, dann herausnehmen und 5 Minuten abkühlen lassen.
7. Ein zweites Mal in das heiße Öl geben und so lange fritieren, bis die Garnelen goldbraun sind. Auf Tellern anrichten, die süß-saure Soße dazu reichen.

GESCHMORTER TOFU MIT KREBSEN UND KRABBEN

DOU FU XIE ROU XIAO XIA (Peking)

1. Den Tofu in 1 1/2 Zentimeter große Würfel schneiden und 3 Minuten in 1 Liter Wasser kochen.
2. Eine Pfanne oder einen Wok erhitzen, zweimal mit Öl ausschwenken. 8 Eßlöffel Öl in der Pfanne heiß werden lassen. Nun die Hühnerbrühe und den Reiswein hinzufügen. Anschließend den Tofu, dann das Krebsfleisch hinzugeben und 3 bis 5 Minuten in dem geschlossenen Topf schmoren lassen.
3. Jetzt den Zucker und das Salz hinzugeben und kurz schmoren lassen. Anschließend die Krabben und die Frühlingszwiebeln hineingeben. Nun erneut das Ganze etwa 1 Minute schmoren lassen. Die angerührte Kartoffelstärke unter ständigem Rühren dazugeben, kurz aufkochen lassen. Mit dem Möhrenöl verfeinern.

Für 3 Personen:

500 g Tofu

Öl zum Ausschwenken und Braten

240 ml Hühnerbrühe

3 EL Reiswein oder Weißwein

100 g frisches Krebsfleisch, ersatzweise Krebsfleisch aus der Dose

1 EL Zucker

1 1/2 TL Salz

50 g frische geschälte Krabben

15 g Frühlingszwiebeln

2 TL Kartoffelstärke, mit 5 EL Wasser verrührt

3 EL Möhrenöl

Zubereitungszeit: ca. 25 Minuten

GEBRATENE RIESENGARNELEN IM VOGELNEST

QUE CHAO MING XIA (Kanton)

Für 3 Personen:

für das Vogelnest:

400 g Taro

für die Riesengarnelen:

1 Knoblauchzehe

10 g frischer Ingwer

2 EL scharfe Sojabohnen-paste oder Sambal

3 EL Reisweinsatz

2 EL Glutamat

¾ TL Salz

2 EL Zucker

3 EL Tomatenketchup

5 EL Hühnerbrühe

1 bis 2 Frühlingszwiebeln

12 Riesengarnelen

außerdem:

2 bis 3 EL Kartoffelstärke

Öl zum Fritieren, Ausschwenken und Braten

2 TL Kartoffelstärke, in 3 EL Wasser verrührt

5 EL Möhrenöl

Zubereitungszeit:
ca. 60 Minuten
Zeit zum Einweichen:
ca. 60 Minuten

1. Die Taroknolle schälen und in dünne Scheiben schneiden. Diese dann in dünne Streifen schneiden und 1 Stunde in Wasser ziehen lassen. Zwischendurch das Wasser dreimal erneuern.
2. In der Zwischenzeit den Knoblauch und den Ingwer schälen und sehr fein hacken. Zusammen mit der Sojabohnenpaste, dem Reisweinsatz, Glutamat, Salz, Zucker, Tomatenketchup und Hühnerbrühe verrühren. Die Frühlingszwiebeln putzen und in feine Würfel schneiden.
3. Die Riesengarnelen auf dem Rücken längs einschneiden.
4. Die Tarostreifen aus dem Wasser nehmen und mit der Kartoffelstärke verrühren. Ein großes Sieb mit Öl ausreiben, die Tarostreifen darin verteilen und ein zweites kleineres Sieb daraufdrücken. Den Taro so im heißen Öl etwa 14 Minuten lang fritieren.
5. Die Riesengarnelen in heißem Öl 1 Minute lang fritieren. Anschließend in kochendes Wasser geben und 2 Minuten kochen lassen. Die Garnelen herausnehmen und auf einem Sieb abtropfen lassen.
6. Eine Pfanne oder den Wok erhitzen, zweimal mit Öl ausschwenken. 5 Eßlöffel Öl in die Pfanne geben und bei großer Hitze heiß werden lassen, bis das Öl raucht.
7. Nun die vorbereitete Soße in die Pfanne geben, danach die Garnelen hineingeben. Alles 2 Minuten auf großer Hitze braten. Die angerührte Kartoffelstärke hineingeben und kurz aufkochen lassen. Nun die Frühlingszwiebelwürfel und das Möhrenöl gleichzeitig über die Garnelen geben.
8. Die Garnelen dekorativ im Tarovogelnest anrichten und sofort servieren.

Tip
Die Garnelen sehen auch hübsch aus, wenn Sie in Salatblätter eingebettet werden.

芋头

Ein Festessen – nicht nur für das Auge, denn das Vogelnest, eine der ganz raren Köstlichkeiten in Chinas Küche, ist unecht: hergestellt aus der „chinesischen Kartoffel", die Taro (Yutau) heißt. Hierbei handelt es sich um eine braune, haarige Knolle mit feinem Geschmack und starkem Aroma. Ist die Schale entfernt, dann mutet ihr in hauchdünne Streifen geschnittenes und im Kreis arrangiertes Fruchtfleisch tatsächlich wie das begehrte Nest aus dem Speichel der asiatischen Schwalbe an. Mit Blick auf die echte Kartoffel kann man sagen, daß China das gleiche Schicksal wie Europa erlebte: Bis zum 16. Jahrhundert war die Knollenfrucht auch im Reich der Mitte unbekannt. Erst als Handelsschiffe aus Übersee im Hafen Quanzhou, den Marco Polo schwärmerisch als „Alexandria des Ostens" bezeichnete, vor Anker gingen, lernten die Chinesen die Süßkartoffel, den Tabak und den Mais kennen. So hat sich für den Taro der Name „chinesische Kartoffel" eingebürgert

清真菜肴和面条

VEGETARISCHE SPEISEN UND NUDELGERICHTE

Für 2 bis 3 Personen:

700 g Spitzkohl

15 g getrocknete
Chilischoten

4 Knoblauchzehen

1 1/2 EL Zucker

1 Prise Glutamat

1 1/2 EL Essig (25%)

1 TL Salz

5 EL Sesamöl

2 TL Kartoffelstärke, mit
8 EL Wasser verrührt

Öl zum Ausschwenken und
Braten

Zubereitungszeit:
ca. 30 Minuten

GEBRATENER SPITZKOHL
CHAO GAO LI (Peking)

1. Den Kohl waschen, putzen und in große Stücke schneiden. Die Chilischoten halbieren. Die Knoblauchzehen schälen und fein hacken.
2. Zucker, Glutamat, Essig, Salz, Sesamöl und die angerührte Kartoffelstärke in einer Reisschale gut vermischen.
3. Eine Pfanne oder einen Wok erhitzen, zweimal mit Öl ausschwenken. 10 Eßlöffel Öl hineingeben. Wenn das Öl heiß ist, zunächst die Chilischoten knapp 1 Minute unter Rühren braten. Den Knoblauch dazugeben und 15 Sekunden mitbraten.
4. Den Spitzkohl trockentupfen, in die Pfanne geben und 3 Minuten braten. Die angerührte Soße hinzufügen und das Ganze bei großer Flamme kurz aufkochen lassen.

Tip
Die getrockneten Chilischoten werden nicht gegessen, sie geben nur das Aroma an das Gericht ab. Wenn man Sichuanpfefferkörner zu Hause hat, kann man sie zusammen mit den Chilischoten im heißen Öl braten.

Für 2 Personen:

50 g Frühlingszwiebeln

10 g frischer Ingwer

500 g Tofu

Öl zum Ausschwenken und
Braten

200 ml Hühnerbrühe oder
Wasser

2 1/2 EL karamelisierter Zucker

1 1/2 EL süße Bohnensoße

1 Prise Glutamat

2 EL Sojasoße

2 EL Zucker

5 EL Reiswein oder milder
Weißwein

3 EL Möhrenöl

Zubereitungszeit:
ca. 35 Minuten

GESCHMORTER TOFU IN SOJASOSSE
HONG SHAO DO FU (Peking)

1. Die Frühlingszwiebeln putzen und in 3 Zentimeter große Stücke schneiden. Den Ingwer schälen und in hauchdünne Scheiben schneiden. Den Tofu in 2 Zentimeter große Würfel teilen.
2. Eine Pfanne oder einen Wok erhitzen, zweimal mit Öl ausschwenken. 10 Eßlöffel Öl hineingeben, heiß werden lassen und die Ingwerscheiben so lange darin unter Rühren braten, bis sie angebräunt sind.
3. Die Hühnerbrühe, den karamelisierten Zucker, die Süße Bohnensoße, das Glutamat, die Sojasoße, den Zucker, den Reiswein und das Möhrenöl hinzugeben und 2 Minuten bei großer Flamme kochen lassen.
4. Den Tofu zusammen mit den Frühlingszwiebeln in die Soße geben, zunächst 1 Minute bei großer Flamme, anschließend 15 bis 20 Minuten bei kleiner Flamme schmoren. Die Soße anschließend nach Belieben mit etwas Kartoffelstärke andicken.

Tip
Noch besser schmeckt der Tofu, wenn er vor dem Kochen 3 bis 5 Minuten lang fritiert wird. Verwenden Sie hier kein Salz, da die süße Bohnensoße und die Sojasoße salzig genug sind. Wenn man jedoch keine süße Bohnensoße zur Hand hat, kann man ersatzweise süße Sojasoße nehmen, die mit 1 1/2 TL Salz verrührt wird.

Für 2 bis 3 Personen:

100 g Tofu

80 g Chinakohl

60 g grüne Paprikaschote

60 g rote Paprikaschote

80 g vorbereitete Morcheln (Seite 44; ca. 20 g Trockengewicht)

80 g Bambussprossen

80 g Möhren

80 g vorbereitete chinesische Blumenpilze (Seite 44; ca. 20 g Trockengewicht)

80 g frische Champignons

FASTENSPEISE DER BUDDHISTEN

LUO HAN SU ZHAI (Kanton)

1. Den Tofu in 2 Zentimeter große Würfel schneiden. Das Gemüse putzen und ebenfalls in 2 Zentimeter große Würfel schneiden. Die Knoblauchzehen schälen und fein hacken.
2. Eine Pfanne oder einen Wok erhitzen, zweimal mit Öl ausschwenken. In 10 Eßlöffel heißem Öl bei großer Flamme den Knoblauch 15 Sekunden anbraten. Dann die klein geschnittenen Gemüse dazugeben und unter Rühren 4 Minuten mitbraten.
3. Zucker, Salz, Pfeffer, Hühnerbrühe und Glutamat zum Gemüse geben und aufkochen lassen. Die angerührte Kartoffelstärke und die Sojabohnenkeimlinge dazugeben und kurz durchkochen lassen. Das Ganze einige Male umrühren und mit Sesamöl verfeinern.

2 Knoblauchzehen

Öl zum Ausschwenken und Braten

2 EL Zucker

2 TL Salz

$1/2$ TL weißer Pfeffer

240 ml Hühnerbrühe oder Wasser

1 Prise Glutamat

3 TL Kartoffelstärke, mit 6 EL Wasser verrührt

2 EL Sesamöl

80 g Sojabohnenkeimlinge

Zubereitungszeit: ca. 30 Minuten

Für 2 bis 3 Personen:

400 g vorbereitete chinesische Blumenpilze (Seite 44, ca. 100 g Trockengewicht)

350 g Bambussprossen

40 g Frühlingszwiebeln

2 Knoblauchzehen

Öl zum Ausschwenken und Braten

8 EL Sojasoße

2 EL gesüßte Sojasoße oder karamelisierter Zucker

3 TL Zucker

1 Prise Glutamat

1/2 TL Salz

1 TL Pfeffer

2 EL Reiswein

160 ml Hühnerbrühe oder Wasser

3 TL Kartoffelstärke, mit 6 EL Wasser verrührt

2 TL Sesamöl

Zubereitungszeit: ca. 25 Minuten

GEBRATENE CHINESISCHE BLUMENPILZE UND BAMBUSSPROSSEN

CHAO SHUANG DONG (Sichuan)

1. Größere Blumenpilze halbieren und zusammen mit den Bambussprossen in Scheiben schneiden. Die Frühlingszwiebeln putzen und in 3 Zentimeter große Stücke schneiden. Den Knoblauch schälen und fein hacken.
2. Eine Pfanne erhitzen, zweimal mit Öl ausschwenken. 8 Eßlöffel Öl hineingeben und heiß werden lassen. Den Knoblauch 15 Sekunden darin anbraten, dann die Blumenpilze und die Bambussprossen hinzugeben und 3 Minuten unter Rühren bei großer Flamme mitbraten.
3. Das Ganze mit Sojasoße, gesüßter Sojasoße oder karamelisiertem Zucker, Zucker, Glutamat, Salz, Pfeffer und Reiswein abschmecken, die Hühnerbrühe hinzugießen und alles aufkochen lassen. Die Kartoffelstärke hineinrühren, die Frühlingszwiebeln dazugeben, unter Rühren kurz aufkochen lassen und mit dem Sesamöl verfeinern.

Für 2 bis 3 Personen:

700 g Brokkoli

2 Knoblauchzehen

Öl zum Ausschwenken und Braten

2 EL Zucker

1/2 TL Pfeffer

2 TL Salz

1 Prise Glutamat

120 ml Hühnerbrühe oder Wasser

2 TL Kartoffelstärke, mit 6 EL Wasser verrührt

4 TL Sesam- oder Möhrenöl

Zubereitungszeit: ca. 20 Minuten

GEBRATENE BROKKOLI

CHAO JIE CAI (Kanton)

1. Die Brokkoli waschen, putzen und in 3 Zentimeter breite und 2 Zentimeter lange Stücke schneiden bzw. in Röschen teilen. 1 Liter Wasser zum Kochen bringen und den Brokkoli darin 2 Minuten kochen lassen. Anschließend herausnehmen. Den Knoblauch schälen und sehr fein hacken.
2. Eine Pfanne oder einen Wok erhitzen, zweimal mit Öl ausschwenken und 8 Eßlöffel Öl hineingeben. Wenn das Öl heiß ist, den Knoblauch 15 Sekunden anbraten, dann die Brokkoli zufügen und bei großer Flamme unter Rühren 3 Minuten braten.
3. Mit Zucker, Pfeffer, Salz, Glutamat und Hühnerbrühe abschmecken, aufkochen lassen und nach 1 Minute die Kartoffelstärke in die Soße geben und unter Rühren wieder aufkochen lassen. Zum Schluß mit Sesamöl verfeinern.

GESCHMORTER TOFU MIT CHINAKOHL

DOU FU BA CAI (Sichuan)

1. Den Tofu in 1 bis 2 Zentimeter große Würfel schneiden. Den Chinakohl waschen, putzen und fünfmal einschneiden. Dann die Streifen in 3 Zentimeter große Stücke schneiden. Den Ingwer schälen und in feine Streifen schneiden. Das Weiß der Frühlingszwiebeln putzen und in 2 Zentimeter große Stücke schneiden. Das Grün wird nicht verwendet.
2. $1/2$ Liter Wasser zum Kochen bringen und den Chinakohl hineingeben. 5 Minuten kochen, herausnehmen und abtropfen lassen.
3. Eine Pfanne oder einen Wok erhitzen, zweimal mit Öl ausschwenken und das Schweineschmalz darin erwärmen. Den Ingwer und die Frühlingszwiebeln darin kurz unter Rühren braten. Dann die Hühnerbrühe hineingeben, den Ingwer und die Frühlingszwiebeln herausnehmen. Den Reiswein und den Pfeffer dazugeben.
4. Anschließend den Chinakohl und den Tofu hinzufügen und 5 Minuten schmoren lassen. Das Gericht mit Glutamat, Zucker und Salz abschmecken und nochmal kurz aufkochen lassen. Zum Schluß die angerührte Kartoffelstärke und das Möhrenöl hinzugeben und unter Rühren so lange kochen lassen, bis die Soße angedickt ist.

Für 3 Personen:

300 g Tofu

480 g Chinakohl

5 g frischer Ingwer

20 g Frühlingszwiebeln

Öl zum Ausschwenken

8 EL Schweineschmalz

160 ml Hühnerbrühe

3 EL Reiswein

1 TL weißer Pfeffer

1 Prise Glutamat

$1 1/2$ EL Zucker

2 TL Salz

3 TL Kartoffelstärke, mit 3 EL Wasser verrührt

3 EL Möhrenöl

Zubereitungszeit:
ca. 25 Minuten

Für 2 Personen:

100 g Mehlklöße
(Fertigprodukt)

50 g vorbereitete chinesische Blumenpilze (Seite 44; ca. 15 g Trockenprodukt)

150 g Bambussprossen

1 Knoblauchzehe

10 g frischer Ingwer

Öl zum Fritieren,
Ausschwenken und Braten

240 ml Hühnerbrühe

1 ½ EL karamelisierter Zucker

3 EL scharfe Sojasoße oder
Worchestershiresoße

4 EL Sojasoße

1 TL weißer Pfeffer

2 EL Reiswein

1 ½ EL Tomatenketchup

½ TL Salz

2 TL Kartoffelstärke, mit
3 EL Wasser verrührt

5 EL Sesamöl

Zubereitungszeit:
ca. 40 Minuten
Zeit zum Quellen:
ca. 1 Stunde

Variation
Wenn man die Mehlklöße in heißem Wasser ziehen läßt, verdoppeln sie ihr Gewicht. Ersatzweise kann auch Tofu verwendet werden. Der Sojabohnenkäse wird 2 Stunden ins Tiefkühlfach und anschließend 2 Stunden in kaltes Wasser gelegt. Der Tofu weicht dann auf wie ein Schwamm. Er wird vor dem Braten in 2 cm große Würfel geschnitten und fritiert.

GESCHMORTE MEHLKLÖSSE

HONG SHAO MIAN JIN (Kanton)

1. Die runden Mehlklöße 1 Stunde in heißem Wasser quellen lassen. Aus dem Wasser nehmen und gründlich trockentupfen.
2. Große Blumenpilze halbieren und die Stiele herausdrehen. Kleine Pilze ganz lassen. Die Bambussprossen in Streifen schneiden. Die Knoblauchzehe und den Ingwer schälen und beides fein hacken.
3. Die Bambussprossen und die Pilze in heißem Öl 1 Minute fritieren, herausnehmen und auf einem Sieb abtropfen lassen.
4. Eine Pfanne oder einen Wok erhitzen, zweimal mit Öl ausschwenken. 10 Eßlöffel Öl hineingeben. Wenn das Öl heiß ist, Knoblauch und Ingwer kurz unter Rühren braten. Die Bambussprossen, die Pilze und die Mehlklöße hinzugeben und 1 weitere Minute unter Rühren braten. Anschließend die Hühnerbrühe, den karamelisierten Zucker, die Sojasoßen, den Pfeffer, den Reiswein, das Tomatenketchup und das Salz hinzugeben und das Ganze 2 Minuten bei starker Flamme, anschließend 10 bis 15 Minuten bei kleiner Flamme schmoren.
5. Die Kartoffelstärke mit dem Sesamöl verrühren, dazugeben und noch einmal kurz unter Rühren durchkochen lassen.

GEPRESSTER TOFU MIT FRISCHEM CHILI

LA YIAO DON SI (Sichuan)

1. Den Tofu pressen. Dazu 1 Tag in 500 Milliliter Wasser und 600 Milliliter dunkle Sojasoße legen. Am nächsten Tag in ein Leinentuch wickeln, dieses gut verschnüren und das Paket mit einem Gewicht (etwa 10 kg) beschweren. So bleibt der Tofu 2 Tage lang liegen.
2. Den Tofu für das Gericht in 5 Zentimeter lange, spaghettidünne Streifen schneiden. Den Staudensellerie putzen, die Chilischoten halbieren und entkernen und den Ingwer schälen. Staudensellerie, Chilischoten und Ingwer in ebenso feine Streifen wie den Tofu schneiden.
3. Eine Pfanne oder einen Wok erhitzen, zweimal mit Öl ausschwenken. 1 Liter Öl hineingeben. Wenn das Öl heiß ist, den Tofu und den Sellerie darin 1 Minute fritieren. Herausnehmen, abtropfen lassen und das Öl abgießen.
4. Die Pfanne oder den Wok erneut erhitzen und das Schweineschmalz hinzugeben. Die Chilischoten und den Ingwer im heißen Schmalz 30 Sekunden braten. Den gepreßten Tofu und den Staudensellerie hinzugeben und 2 Minuten braten.
5. Das Gericht mit Glutamat, Sojasoße, Chilisoße, Zucker, Essig, Salz, Möhrenöl und Hühnerbrühe würzen und 1 Minute kochen lassen. Zum Schluß die Kartoffelstärke dazugeben und nochmals kurz aufkochen lassen.

Für 3 Personen:

500 g Tofu
600 ml dunkle Sojasoße
200 g junger Staudensellerie
50 g frische rote Chilischoten
20 g frischer Ingwer
Öl zum Ausschwenken und Fritieren
4 EL Schweineschmalz
1 Prise Glutamat
1 EL Sojasoße
1 EL Chilisoße
2 EL Zucker
1 EL Essig (25 %)
1 TL Salz
3 EL Möhrenöl
60 ml Hühnerbrühe
1 TL Kartoffelstärke, mit 3 EL Wasser verrührt

Zubereitungszeit:
ca. 40 Minuten
Zeit für die Vorbereitung
des Tofus: 3 Tage

GEBRATENE SOJABOHNEN-KEIMLINGE

CHAO YA CAI (Kanton)

1. Die Sojabohnenkeimlinge in 1 Liter kochendes Wasser geben und 2 Minuten kochen, herausnehmen und auf einem Sieb abtropfen lassen. Die Frühlingszwiebel und die Möhren putzen und in feine Streifen schneiden. Den Knoblauch schälen und fein hacken.
2. Eine Pfanne oder einen Wok erhitzen, zweimal mit Öl ausschwenken. 12 Eßlöffel Öl hineingeben, heiß werden lassen und den Knoblauch 30 Sekunden anbraten.
3. Die Sojabohnenkeimlinge mit den Frühlingszwiebeln und den Möhrenstreifen dazugeben, 1 Minute braten und mit Pfeffer, Zucker, Salz und Glutamat würzen. Die Hühnerbrühe hinzugießen, kurz aufkochen lassen und zum Schluß das Gericht mit der Kartoffelstärke binden.

Für 2 bis 3 Personen:

700 g Sojabohnenkeimlinge
1 Frühlingszwiebel
20 g Möhren
3 Knoblauchzehen
Öl zum Ausschwenken und Braten
1/2 TL weißer Pfeffer
1 EL Zucker
1/2 TL Salz
1 Prise Glutamat
120 ml Hühnerbrühe oder Wasser
1 1/2 TL Kartoffelstärke, mit 3 EL Wasser verrührt

Zubereitungszeit:
ca. 20 Minuten

Morgenstimmung in Guangxi

虾馅包子

Dampfbrot und Reis sind die beliebtesten Grundnahrungsmittel der Chinesen. Doch gefüllt mit Krabben, ist das Dampfbrot schon etwas Besonderes: nicht mehr bloße Beilage, sondern eigenständiges Gericht.
Von Krabben geht nach altchinesischer Auffassung eine magische Kraft aus: getrocknet an die Haustür gehängt, sollen sie böse Geister vertreiben können, weil ihre Form an den Kopf eines Tigers, des Symbols der Tapferkeit, erinnert

KRABBENDAMPFBROT

BAU ZI (Peking)

1. Die Hefe in einer halben Reisschale voll lauwarmen Wassers verrühren. Diese Flüssigkeit zum Weizenmehl geben, alles verrühren und gut verkneten. Dabei den Rest des Wassers dazukneten. Den Teig mit einem Tuch abdecken und etwa 3 Stunden gehen lassen. Danach noch einmal durchkneten und eine weitere halbe Stunde gehen lassen.
2. Die Möhren schälen und sehr fein reiben. (Nach der original-chinesischen Methode nehmen Sie 300 g Möhren, waschen diese und schrabben davon mit dem Messer 150 g ab. Der Rest kann nicht verwendet werden.)
3. Das Krebsfleisch aus der Dose nehmen, abtropfen lassen und in kaltem Wasser waschen.
4. 360 Milliliter Öl in einer Pfanne bei mittelstarker Hitze erwärmen. Die Möhrenmasse hineingeben und 2 Minuten fritieren. Dann das gut abgetropfte Krebsfleisch dazugeben und 1 Minute fritieren. Danach beides absieben und gut abtropfen lassen.
5. Den Chinakohl sehr fein schneiden, anschließend fein hacken, in ein Tuch legen, einwickeln und mit Hilfe des Tuches gut auswringen. Es bleiben ca. 250 Gramm Chinakohl übrig.
6. Den Chinakohl mit dem Schweinehackfleisch, dem Krebsfleisch und den Möhren in eine große Schale geben und mit Glutamat, Zucker, Salz, Wasser, Ingwer und Möhrenöl abschmecken.
7. Den gut gegangenen Hefeteig zu einer Rolle formen und davon 8 bis 12 Gramm schwere Stücke abschneiden. Diese Platten zu runden, 7 Zentimeter große Kreisen ausrollen oder mit der Hand flachdrücken.
8. Auf jede Teigtasche 1 Eßlöffel der Füllung setzen, die Teigtaschen gut zudrehen und zukneten.
9. Einen großen oder mehrere kleine Dampfkochkörbe mit nassen Tüchern oder Chinakohlblätter auslegen, die gefüllten Teigtaschen mit genügend großem Abstand daraufsetzen.
10. Die Taschen 25 bis 30 Minuten dämpfen.

Für 4 Personen:

für den Teig:

1/2 Würfel Hefe (ca. 20 g)
280 ml lauwarmes Wasser
350 g Weizenmehl

für die Füllung:

200 g Möhren
1 Dose Krebsfleisch (130 g)
Öl zum Fritieren
450 g Chinakohl
100 g Schweinehackfleisch
1 Prise Glutamat
1 1/2 EL Zucker
1 TL Salz
40 ml Wasser
10 g frischer Ingwer
Möhrenöl

Zubereitungszeit:
ca. 1 1/2 Stunden
Zeit zum Gehen:
ca. 3 1/2 Stunden

Für 4 Personen:

500 g Weizenmehl

240 ml lauwarmes Wasser

für die Füllung:

100 g getrocknete Krabben

1000 g China- oder Spitzkohl

10 g frischer Ingwer

300 g Schweinehackfleisch

1 1/2 TL Salz

1 Prise Glutamat

2 EL Sesamöl

1/2 TL weißer Pfeffer

Straßenszene in Peking

für die Soße:

2 Knoblauchzehen

5 EL Sojasoße

1 TL Sambal

1 EL Essig (5 %)

Zubereitungszeit:
ca. 60 Minuten
Zeit zum Ruhen:
ca. 1 Stunde

CHINESISCHE TEIGTASCHEN
YIAO ZI

1. Das Weizenmehl mit dem Wasser zu einem glatten Teig verkneten, in eine warme Schüssel legen, mit einem Tuch abdecken und den Teig 1 Stunde ruhen lassen. Die getrockneten Krabben 15 Minuten in Wasser einweichen.
2. Den Chinakohl waschen, putzen und mit dem Messer sehr fein hacken. In ein Tuch wickeln und so lange ausdrücken, bis 600 Gramm Chinakohl übrigbleiben. Den Ingwer schälen und fein hacken.
3. Den Chinakohl in eine Schale geben und das Schweinehackfleisch, die Krabben, das Salz, das Glutamat, das Sesamöl, den Pfeffer und den Ingwer hinzugeben und alles gut mischen.
4. Den Teig zu einer 2 Zentimeter dicken Rolle formen und davon dünne, etwa 8 bis 12 Gramm schwere Stücke abschneiden. Jedes dieser Stücke zu runden, etwa 6 Zentimeter großen Teigplatten ausrollen.
5. Auf die Teigstücke jeweils 1 gehäuften Teelöffel Füllung geben. Anschließend die Teigplatten zusammenschlagen und die Ränder gut zusammendrücken. Beim Herstellen der Teigtaschen die Arbeitsfläche mit etwas Mehl bestreuen.
6. 2 Liter Wasser zum Kochen bringen und immer etwa 20 Teigtaschen hineingeben. Bei geschlossenem Topf 2 bis 3 Minuten kochen. Danach 1/2 Reisschale kaltes Wasser dazugeben, die Teigtaschen erneut aufkochen, nochmal 1/2 Reisschale kaltes Wasser dazugeben und aufkochen.
7. Die Teigtaschen herausnehmen. Die Knoblauchzehen schälen und fein hacken, mit der Sojasoße, dem Sambal und dem Essig verrühren. Die Soße zu den Teigtaschen servieren.

Variation

Die Teigtaschen können nicht nur gekocht, sondern auch gebraten werden. Dazu eine große, flache Pfanne erhitzen, zweimal mit Öl ausschwenken und 2 Eßlöffel Öl hineingeben. Etwa 15 Teigtaschen so in die Pfanne legen, daß die zugedrückten Stellen nach oben zeigen. 120 Milliliter Wasser dazugeben, die Pfanne abdecken und die Teigtaschen 3 Minuten bei großer Flamme und 4 Minuten bei kleiner Flamme kochen lassen. 60 Milliliter Wasser mit 1 Teelöffel Mehl verrühren und in die Pfanne geben, 3 Minuten weiterkochen lassen. Anschließend die Teigtaschen umdrehen und kurz auf der anderen Seite kochen. Die gesamte Garzeit beträgt etwa 15 Minuten. Als Beilage zu den gebratenen Teigtaschen servieren sie eine Soße aus 7 Eßlöffeln Sojasoße, 1 1/2 Teelöffeln 5 %igem Essig, 2 fein gehackten Knoblauchzehen und 1 Teelöffel fein gehackten frischen Chilischoten. Die Soße kann noch mit 1 Teelöffel fein gehackter Petersilie bestreut werden.

NUDELN „ALLERLEI"

SHI YIN CHAO MIAU (Peking)

Für 2 bis 3 Personen:

50 g Möhren

50 g Rinderfilet

50 g Schweinefilet

30 g gekochter Schinken

für die Marinade:

2 Prisen Salz

2 Prisen Pfeffer

2 Prisen Zucker

2 TL Kartoffelstärke

4 EL Öl

außerdem:

130 g chinesische Eiernudeln

4 TL Öl

2 Eier

100 g Sojabohnenkeimlinge

Öl zum Ausschwenken und Braten

40 g gekochte, geschälte Krabben

2 EL Zucker

1/2 TL Pfeffer

2 TL Salz

2 EL Sojasoße

1 Prise Glutamat

30 g frische blanchierte Erbsen (ersatzweise tiefgekühlte Erbsen)

Zubereitungszeit:
ca. 30 Minuten
Zeit zum Marinieren:
ca. 10 Minuten

1. Die Möhren waschen, schälen und in Streifen schneiden. Das Rinder- und Schweinefilet sowie den Schinken ebenfalls in Streifen schneiden.
2. Das Fleisch mit Salz, Zucker, Pfeffer, Kartoffelstärke, Öl und 4 Eßlöffeln Wasser mischen und 10 Minuten marinieren lassen.
3. Die Nudeln in reichlich Salzwasser bißfest garen, abgießen und mit kaltem Wasser abspülen. Anschließend mit 4 Teelöffeln Öl mischen. Die Eier verquirlen. Die Sojabohnenkeimlinge abspülen und abtropfen lassen.
4. Eine Pfanne oder einen Wok erhitzen und zweimal mit Öl ausschwenken. Das Fleisch, den Schinken, die Krabben und die Möhren in wenig Öl kurz unter Rühren braten. Herausnehmen und beiseite stellen.
5. Die Pfanne oder den Wok erneut erhitzen und zweimal mit Öl ausschwenken. Anschließend 8 Eßlöffel Öl darin heiß werden lassen und die Eier unter Rühren so lange braten, bis sie zu stocken beginnen.
6. Nun die Nudeln dazugeben und kurz unter Rühren anbraten. Das Rind- und das Schweinefleisch, die Krabben, den Schinken und die Möhren zu den Nudeln geben, rasch verrühren und das Ganze mit Zucker, Pfeffer, Salz, Sojasoße und Glutamat würzen. Zum Schluß die Erbsen und die Sojabohnenkeimlinge hinzufügen und noch einmal gut braten und servieren.

GEBRATENE REISNUDELN MIT SCHWEINEFLEISCH

ZHU ROU CHAO MI FEN (Kanton)

Für 2 bis 3 Personen:

150 g Schweinefilet

20 g Frühlingszwiebeln

150 g chinesische Reisnudeln

für die Marinade:

1 Prise Salz

2 Prisen Zucker

$^1/_4$ TL Pfeffer

2 TL Kartoffelstärke

5 EL Öl

2 Eier

150 g Sojabohnenkeimlinge

außerdem:

Öl zum Ausschwenken und Braten

1 $^1/_2$ TL Salz

$^1/_2$ TL Pfeffer

2 EL Zucker

3 EL Sojasoße

1 Prise Glutamat

2 TL Sesamöl

Zubereitungszeit:
ca. 20 Minuten
Zeit zum Einweichen:
ca. 20 Minuten
Zeit zum Marinieren:
ca. 10 Minuten

1. Das Schweinefilet in Streifen schneiden. Die Frühlingszwiebeln putzen und in kleine Stücke schneiden.
2. Die Reisnudeln in heißem Wasser etwa 15 Minuten einweichen und anschließend nochmals etwa 5 Minuten in kaltes Wasser legen. Dann das Wasser abgießen und die Reisnudeln auf Küchenkrepp grob abtrocknen lassen.
3. Das Schweinefilet mit Salz, Zucker, Pfeffer, Kartoffelstärke, Öl und 4 Eßlöffeln Wasser gut verrühren und 10 Minuten marinieren lassen. Die Eier verquirlen. Die Sojabohnenkeimlinge abspülen und abtropfen lassen.
4. Eine Pfanne oder einen Wok erhitzen und zweimal mit Öl ausschwenken. In wenig heißem Öl das Fleisch kurz unter ständigem Rühren braten. Herausnehmen und beiseite stellen.
5. Die Pfanne oder den Wok erneut erhitzen, zweimal mit Öl ausschwenken. 8 Eßlöffel Öl hineingeben. Wenn das Öl heiß ist, die Eier so lange braten, bis sie zu stocken beginnen.
6. Dann die vorbereiteten Reisnudeln bei großer Flamme hinzugeben. 2 Minuten unter Rühren braten. Nun das Schweinefleisch und die Sojabohnenkeimlinge dazugeben und mit Salz, Pfeffer, Zucker, Sojasoße und Glutamat würzen. Nochmals kurz unter Rühren braten. Dann das Gericht mit Frühlingszwiebeln bestreuen und mit Sesamöl verfeinern.

配菜和甜食

湯類、小点心

SUPPEN, SNACKS, BEILAGEN UND SÜSSES

SAUER-SCHARFE SUPPE
SUAN LA TANG (Peking)

Für 4 Personen:

100 g gegartes Hühnerfleisch

60 g Bambussprossen

60 g rote Paprikaschote

60 g Tofu

2 Eier

einige Halme Schnittlauch

800 ml Hühnerbrühe

40 g vorbereitete Morcheln oder chinesische Blumenpilze (Seite 44; ca. 10 g Trockenprodukt)

2 TL Essig (25 %)

1 Prise Glutamat

2 ½ TL Pfeffer

1 ½ EL scharfe Sojasoße

2 TL Salz

8 TL Sojasoße

2 ½ EL Zucker

4 EL Kartoffelstärke, mit 8 EL Wasser verrührt

1 ½ TL Sesamöl

1. Das Hühnerfleisch, die Bambussprossen, die geputzte Paprikaschote und den Tofu in Streifen schneiden. Die Eier verquirlen. Den Schnittlauch waschen und fein schneiden.
2. Die Hühnerbrühe zum Kochen bringen und Hühnerfleischstreifen, Pilze, Bambussprossen, Paprikaschote und Tofu dazugeben. Die Suppe aufkochen lassen, dann mit Essig, Glutamat, Pfeffer, scharfer Sojasoße, Salz, Sojasoße und Zucker würzen.
3. Die Suppe nochmals aufkochen. Die Kartoffelstärke hinzufügen, dabei rühren. Die Eier in die kochende Brühe einrühren. Die Suppe in Reisschalen geben, mit Schnittlauch bestreuen und mit Sesamöl verfeinern.

Zubereitungszeit: ca. 25 Minuten

TOFUSUPPE
DOU FU TANG (Kanton)

Für 2 Personen:

70 g Schweinefilet

40 g Tofu

20 g Bambussprossen

1 Tomate

für das Fleisch:

1 Prise Pfeffer

1 Prise Salz

1 Prise Zucker

1 TL Kartoffelstärke

außerdem:

½ l Hühnerbrühe

2 Blättchen grünes Gemüse (Spinat, glatte Petersilie, Kohl)

1 Prise Glutamat

2 Prisen Pfeffer

1 ½ TL Salz

2 TL Zucker

einige Halme Schnittlauch

1 TL Sesamöl

1. Das Schweinefleisch, den Tofu, die Bambussprossen und die gewaschene Tomate in ganz feine Streifen schneiden. Das Blattgemüse waschen und putzen. Den Schnittlauch waschen und fein schneiden.
2. Das Schweinefleisch mit Pfeffer, Salz, Zucker und Kartoffelstärke mischen.
3. Die Hühnerbrühe zum Kochen bringen, die Schweinefleischstreifen Stück für Stück hineingeben und die Suppe aufkochen lassen. Die Bambussprossen, die Tomaten, den Tofu und das Blattgemüse dazugeben.
4. Die Suppe mit Glutamat, Pfeffer, Salz und Zucker würzen. Dann in Reisschalen geben. Mit Schnittlauch bestreuen und mit Sesamöl verfeinern.

Zubereitungszeit: ca. 25 Minuten

EIERBLUMENSUPPE MIT HÜHNERFLEISCH
DAN HUA TANG (Kanton)

Für 2 Personen:

5 g Glasnudeln

30 g Hühnerfleisch

1 Ei

1 Handvoll Spinat

½ l Hühnerbrühe

1 ½ TL Salz

2 TL Zucker

1 Prise Glutamat

2 Prisen Pfeffer

ein paar Stückchen Frühlingszwiebeln

½ TL Sesamöl

1. Die Glasnudeln 10 Minuten in heißem Wasser einweichen. Das Hühnerfleisch in Streifen schneiden. Das Ei verquirlen. Den Spinat verlesen und waschen.
2. Die Brühe aufkochen. Die Hühnerfleischstreifen und die Glasnudeln hinzufügen, die Hitze reduzieren. Die Suppe mit Salz, Zucker, Glutamat und Pfeffer würzen.
3. Die Eier einrühren und den Spinat hinzugeben. Jetzt die Flamme wieder hoch stellen und Frühlingszwiebeln und Sesamöl hineingeben. Die Suppe nun nochmal kurz aufkochen lassen.

Zubereitungszeit: ca. 15 Minuten
Zeit zum Einweichen: ca. 10 Minuten

Für 2 Personen:

5 g Glasnudeln

30 g gekochter Schinken

50 g gegartes Hühnerfleisch

1/2 l Hühnerbrühe

1 1/2 TL Salz

2 TL Zucker

1 Prise Glutamat

20 g frische Garnelen

2 Prisen Pfeffer

einige Halme Schnittlauch

ein paar Tropfen Sesamöl

Zubereitungszeit:
ca. 15 Minuten
Zeit zum Einweichen:
ca. 10 Minuten

SUPPE MIT GARNELEN, GLASNUDELN UND SCHINKEN

SAN XIAN TANG (Shanghai)

1. Die Glasnudeln 10 Minuten in heißem Wasser einweichen. Den Schinken und das Hühnerfleisch in Streifen schneiden.
2. Die Hühnerbrühe zum Kochen bringen und die Hühnerfleischstreifen und den Schinken hinzugeben, aufkochen lassen und mit Salz, Zucker und Glutamat würzen.
3. Die Hitze reduzieren, die vorbereiteten Glasnudeln und geschälten Garnelen hineingeben. Die Suppe erneut auf großer Flamme zum Kochen bringen und mit Pfeffer bestreuen.
4. Die Suppe in 2 Reisschalen verteilen, mit fein gehacktem Schnittlauch bestreuen und mit Sesamöl den Geschmack verfeinern.

Für 2 Personen:

1 Tomate (50 g)

100 g gegartes Hühnerfleisch

600 ml Hühnerbrühe

eventuell 15 g frische Erbsen

1 Prise Glutamat

1/2 TL Pfeffer

1 1/2 TL Salz

3 EL Tomatenketchup

2 TL Zucker

4 TL Kartoffelstärke, mit 6 EL Wasser verrührt

1 Ei

1 TL Sesamöl

Zubereitungszeit:
ca. 25 Minuten

TOMATENSUPPE MIT HÜHNERFLEISCH

FAN QIE TANG (Kanton)

1. Die Tomate waschen und fein würfeln. Das Hühnerfleisch in Streifen schneiden.
2. Die Hühnerbrühe zum Kochen bringen und die Hühnerfleischstreifen, die Tomatenwürfel und die Erbsen hinzufügen. Die Brühe wieder aufkochen lassen und mit Glutamat, Pfeffer, Salz, Tomatenketchup und Zucker würzen.
3. Die Kartoffelstärke in die Suppe rühren, nochmals aufkochen, dann die Flamme kleiner stellen. Das Ei verquirlen, in die Suppe rühren und das Ganze kurz durchkochen lassen. Anschließend die Suppe in Reisschalen füllen und mit Sesamöl verfeinern.

ABALONENSUPPE
MIT HÜHNERFLEISCH

BAO YU TANG (Kanton)

1. Die Bambussprossen und die Abalonen sowie das Hühnerfleisch in Streifen schneiden. Den Schnittlauch waschen und fein hacken.
2. Die Hühnerbrühe zum Kochen bringen und Bambussprossen, Abalonen und Hühnerfleisch hineingeben. Die Suppe aufkochen lassen, dann mit Glutamat, Pfeffer, Salz, Zucker und Reiswein würzen.
3. Die Suppe nochmals aufkochen, in Reisschalen geben. Mit Schnittlauch bestreuen und mit Sesamöl verfeinern.

Für 2 Personen:

20 g Bambussprossen

40 g Abalonen (Dose)

60 g gegartes Hühnerfleisch

einige Halme Schnittlauch

600 ml Hühnerbrühe

1 Prise Glutamat

2 Prisen Pfeffer

1 ½ TL Salz

2 ½ TL Zucker

2 TL Reiswein

1 TL Sesamöl

Zubereitungszeit:
ca. 20 Minuten

HAIFISCHFLOSSENSUPPE

SAN SI YU ZHI (Sichuan)

Für 6 Personen:

500 g Haifischflossen (getrocknet oder aus der Dose)

160 g vorbereitete chinesische Blumenpilze (Seite 44; ca. 40 g Trockenprodukt)

30 g Bambussprossen

40 g gekochter Schinken

100 g Hähnchenfleisch

100 g Schweinefilet

80 g Lachsfilet

für die Marinade:

2 EL Kartoffelstärke

1/2 EL helle Sojasoße

1/2 TL Salz

8 EL Öl

außerdem:

1200 ml Hühnerbrühe

3 EL Essig (5 %)

1 TL Pfeffer

2 EL Zucker

1 Prise Glutamat

2 bis 3 TL Salz

3 EL karamelisierter Zucker

5 EL Kartoffelstärke, mit 6 EL Wasser verrührt

3 EL Reiswein

3 EL helle Sojasoße

einige Zweige Petersilie

Zubereitungszeit: ca. 40 Minuten
Zeit zum Marinieren: ca. 10 Minuten

1. Falls Sie getrocknete Haifischflossen nehmen, müssen diese vorher gewässert und gekocht werden (siehe Tip). Die Haifischflossen, die Pilze, die Bambussprossen und den Schinken in Streifen schneiden.
2. Das Hähnchenfleisch, das Schweinefleisch und das Lachsfilet in feine Streifen schneiden. Mit der Kartoffelstärke, der Sojasoße, dem Salz und dem Öl mischen und 10 Minuten marinieren.
3. 1 Liter Wasser zum Kochen bringen und die Fleisch- und Fischstreifen Stück für Stück hineingeben, 2 Minuten kochen. Die Streifen herausnehmen, abkühlen lassen.
4. Die Hühnerbrühe zum Kochen bringen. Dann die Pilze, den Schinken und die Bambussprossen in die Brühe geben und erneut aufkochen lassen. Die Suppe mit Essig, Pfeffer, Zucker, Glutamat, Salz, karamelisiertem Zucker, Reiswein und Sojasoße würzen und wieder aufkochen lassen.
5. Nun die Haifischflossen hineingeben. Anschließend die Kartoffelstärke in die Brühe gießen und kochen, bis die Suppe gebunden ist. Nun die Fleisch- und Fischstreifen hineingeben und die Suppe mit fein gehackter Petersilie bestreuen.

Tip

Getrocknete Haifischflossen müssen vor dem Kochen 2 Stunden lang gewässert und 5 bis 6 Stunden mit fein gehacktem Ingwer und Frühlingszwiebeln gekocht werden. Dann den Flossensaum mit einem scharfen Messer abschneiden.

WAN-TAN-SUPPE

WAN TAN TANG (Kanton)

Für 2 Personen:

für die Füllung:

einige Halme Schnittlauch

100 g Schweinehackfleisch

2 Prisen Salz

2 Prisen Zucker

2 Prisen Pfeffer

3 TL Sesamöl

außerdem:

10 Wan-Tan-Teighüllen

2 Blättchen grünes Gemüse

2 frische Champignons

15 g Bambussprossen

1 Ei

1/2 l Hühnerbrühe

1/2 TL Pfeffer

2 TL Zucker

1 Prise Glutamat

1 1/2 TL Salz

1 TL Sesamöl

Zubereitungszeit: ca. 30 Minuten

1. Den Schnittlauch waschen und fein schneiden. Das Schweinehackfleisch mit dem Schnittlauch, dem Salz, dem Zucker, dem Pfeffer und dem Sesamöl gut vermischen.
2. Die Teighüllen ausbreiten, 1 Teelöffel der Fleischfüllung in die Mitte geben und anschließend 2 sich gegenüberliegende Ecken aufeinanderlegen, die Teigenden fest und ganz dicht an der Füllung zudrücken.
3. Das Gemüse putzen und klein schneiden.
4. Etwa 1/2 Liter Wasser zum Kochen bringen. Die Wan-Tans hineingeben und etwa 5 Minuten kochen lassen. Dann herausnehmen, in 2 Reisschalen legen und die grünen Gemüseblättchen darüberstreuen.
5. Die Hühnerbrühe mit den Champignons, den Bambussprossen und dem verquirlten Ei zum Kochen bringen und mit Pfeffer, Zucker, Glutamat und Salz würzen. Dann die Brühe über die Wan-Tans gießen und die Suppe mit ein paar Tropfen Sesamöl verfeinern.

IN GEWÜRZSUD GEDÄMPFTER WALLER

ZHENG NIAN YU (Kanton)

1. Den Fisch waschen, trockentupfen und in 3 Stücke schneiden. Den Ingwer schälen und mit dem Küchenbeil zerschlagen. Das Schweinefleisch in 4 Zentimeter große Würfel schneiden.
2. Den Fisch in einen großen chinesischen Porzellantopf legen, dazu das Schweinefleisch, den Ingwer, die Gewürze, den Reiswein und ³/₄ Liter Wasser geben und das Ganze 1 Stunde dämpfen.
3. Der Fisch wird dabei ganz weich und zerfällt. Die Suppe nach Ende der Garzeit salzen.

Für 4 Personen:

1 kg küchenfertiger Waller (Wels) am Stück

20 g frischer Ingwer

150 g Schweinenacken

10 g Sichuanpfefferkörner

5 g Gozee

120 ml Reiswein

1 ½ TL Salz

Zubereitungszeit: ca. 80 Minuten

GEFÜLLTE BAMBUSBLÄTTER
ZHONG ZI

Für 5 Personen:

1000 g Klebreis

20 bis 25 Bambusblätter

50 g getrocknete Krabben

5 bis 8 chinesische Blumenpilze

350 g Schweinenacken

4 Schalotten

Öl zum Ausschwenken,
Fritieren und Braten

$^1/_2$ TL schwarzer Pfeffer

2 TL Salz

1 Prise Glutamat

5 EL Sojasoße

180 g Erdnüsse

120 ml Hühnerbrühe

Zubereitungszeit:
ca. 2 $^1/_4$ Stunden
Zeit zum Einweichen:
ca. 25 Stunden

1. Den Klebreis und die Bambusblätter 1 Tag wässern.
2. Die getrockneten Krabben 30 Minuten lang einweichen, die Blumenpilze in heißem Wasser 40 Minuten
lang quellen lassen. Die Pilze anschließend in 1 Zentimeter große Würfel schneiden.
3. Den Schweinenacken in kleine Würfel schneiden. Die
Schalotten schälen und fein schneiden.
4. Eine Pfanne oder einen Wok erhitzen, zweimal mit Öl
ausschwenken und $^1/_2$ Liter Öl in die Pfanne geben.
Die Schweinenackenwürfel 2 Minuten darin fritieren
und mit einem Sieb herausnehmen. Das Fett abgießen.
5. Die Pfanne oder den Wok erneut erhitzen, 10 Eßlöffel
Öl hineingeben und die Schalotten im heißen Öl
1 Minute braten. Die Blumenpilze, das Schweinefleisch
mit dem schwarzen Pfeffer, dem Salz, dem Glutamat
und der Sojasoße dazugeben und kurz unter Rühren
braten. Die Erdnüsse und die Hühnerbrühe zufügen
und 5 Minuten auf kleiner Flamme kochen lassen. Mit
einem Schaumlöffel alles aus der Soße nehmen und
beiseite stellen. Den getrockneten Klebreis hineingeben und mit der Soße verrühren.
6. Die Bambusblätter waschen und die Enden mit einer
Schere zurechtschneiden. Große Blätter längs falten,
dann die untere Hälfte der Blätter zu einem Trichter
formen. In diesen zuerst 2 Eßlöffel Klebreis, dann
1 Eßlöffel Fleischmasse geben und den Trichter mit
Klebreis füllen.
7. Das obere Ende der Bambusblätter über die einge-
füllte Masse knicken und dann die Blätter mit Bändern
zubinden.
8. Die gefüllten Bambusblätter 1 $^1/_2$ Stunden dämpfen.

Bambus

*Das typisch südchinesische
Drachenbootfest – am fünften
Tag des fünften Mondmonats
(Mitte Mai) – erinnert an den
Selbstmord des patriotischen
Dichters Qu Yuan (340 bis
278 v.Chr.), der sich nach
20 Jahren Verbannung im
Miluo-Fluß ertränkte. An die-
sem Tag ißt man Zong zi.
Ursprünglich warfen die
Menschen Zong zi ohne die
blättrige Verpackung als
symbolische Speisegabe ins
Wasser, um den ertrunkenen
Dichter im Jenseits vor dem
Verhungern zu bewahren.
Doch eines Tages meldete sich
ein Heiliger zu Wort und meinte,
die Klöße seien zwar eine
großherzige Gabe, doch der
Wasserdrache Chiao stehle sie
allesamt, deshalb müsse man
sie in Bambusblätter oder in
bunte Seide einwickeln*

FRÜHLINGSROLLEN

CHUN JUAN

Für 3 Personen:

150 g Bambussprossen

200 g gegartes Hühner-
fleisch

50 g Sojabohnenkeimlinge

1 Bund Schnittlauch

2 Knoblauchzehen

Öl zum Ausschwenken, Braten
und Fritieren

1 Prise Glutamat

1 TL Pfeffer

1 TL Salz

1 EL Zucker

6 Teighüllen für Frühlingsrollen

2 EL Mehl, mit 4 EL Wasser
verrührt

Zubereitungszeit:
ca. 45 Minuten

1. Die Bambussprossen und das Hühnerfleisch in Streifen schneiden. Die Sojabohnenkeimlinge waschen und abtropfen lassen. Den Schnittlauch waschen und fein schneiden. Den Knoblauch schälen und fein hacken.
2. Eine Pfanne oder einen Wok erhitzen, zweimal mit Öl ausschwenken. Dann 10 Eßlöffel Öl darin verteilen. Wenn es anfängt ein wenig zu rauchen, den Knoblauch hineingeben und kurz anbraten. Dann die Hühnerfleischstreifen dazugeben. Beides bei großer Flamme etwa 3 Minuten unter Rühren braten, danach zusammen mit den Bambussprossen nochmals 2 Minuten unter Rühren braten.
3. Das Ganze mit Glutamat, Pfeffer, Salz und Zucker würzen, den Schnittlauch darüberstreuen und alles gut miteinander mischen. Herausnehmen, auf einem Sieb abtropfen lassen.
4. Die Teighüllen glatt hinlegen. Mit etwa 60 Gramm Füllung und ein paar Sojabohnenkeimlingen belegen. Das obere Ende der Hülle mit etwas angerührtem Mehl bestreichen.
5. Nun die Teighüllen zusammenrollen. Dazu erst das untere Ende über die Füllung legen, die beiden seitlichen Ränder nach innen falten, dann den Teig aufrollen und zum Schluß das obere Ende fest andrücken.
6. Reichlich Öl erhitzen, dann die Flamme auf mittlere Hitze herunterschalten. Die Frühlingsrollen vorsichtig hineingeben und etwa 4 Minuten lang fritieren. Mit einer Schaumkelle herausheben und 2 Minuten lang abkühlen lassen. Anschließend nochmals 1 Minute in das heiße Öl geben, so daß die Rollen zum Schluß goldgelb fritiert sind.

Tip

Zu den Frühlingsrollen paßt am besten eine süß-saure Soße. Anstelle des Hühnerfleisches können Sie auch Schweine- oder Rindfleisch nehmen. Dann das Fleisch zerkleinern und in der doppelten Menge Wasser 10 Minuten kochen, in ein Sieb geben und das Wasser abtropfen lassen. Auch Weißkohl anstelle der Bambussprossen ist beliebt.
Wenn Sie keine Möglichkeit haben, die Teighüllen fertig zu kaufen, können Sie sie auch selbst herstellen. Dazu 1 Reisschale Weizenmehl mit 3 Eßlöffeln Kartoffelstärke, 1 Ei und 1 Eßlöffel Salz sowie 150 Milliliter Wasser in eine kleine Schale geben und mit dem Mixer durchrühren. Dabei nochmal 300 Milliliter Wasser zugeben und den Teig 10 Minuten ruhen lassen. Aus diesem Teig backen Sie anschließend in wenig Öl ähnlich wie bei Pfannkuchen 6 Teighüllen aus.

CHINESISCHE PFANNKUCHEN

YIAN BING

1. Das warme Wasser und das Mehl verrühren, dann gut verkneten. Den Teig mit einem Tuch abdecken und 15 Minuten ruhen lassen.

2. In der Zwischenzeit die Frühlingszwiebeln putzen, klein hacken, mit Salz und Pfeffer mischen.

3. Den Teig zu einer Rolle formen und dann 40 Gramm schwere Stücke abschneiden. Jedes dieser Stücke so dünn wie möglich zu runden Teigplatten ausrollen und mit Öl (oder Schweineschmalz) einpinseln.

4. Ein wenig Gewürzmischung darüberstreuen, die Teigplatten aufrollen und zusammenlegen. Danach die Rollen in sich selbst verdrehen, zusammendrücken und erneut verkneten. Dann wieder zu runden 15 bis 20 Zentimeter großen Platten ausrollen.

5. Eine flache Pfanne erhitzen, zweimal mit Öl ausschwenken und anschließend mit einer Papierserviette ausreiben, damit sich später die Pfannkuchen gut von der Pfanne lösen. 2 Eßlöffel Öl hineingeben und die Pfannkuchen nacheinander bei mittlerer Hitze braten. Nach 30 Sekunden wenden. Insgesamt wird jeder Pfannkuchen 2 bis 3 Minuten gebraten.

Tip
Dieser Pfannkuchen wird in China häufig zum Frühstück gegessen und deshalb auch in Stehimbissen oder Frühstückscafés angeboten. Fast immer ist Sojamilch das dazu gereichte Getränk. Man kann den Pfannkuchen aber auch um eine Art fritiertes Brot (Jutiau) wickeln, das ungefähr so aussieht wie ein französisches Baguette, und ißt beides sozusagen als Sandwich.

Für 3 Personen:

200 ml warmes Wasser (50 °C)

400 g Weizenmehl

40 g Frühlingszwiebeln

160 ml Öl

2 TL Salz

2 TL weißer Pfeffer

Öl für den Teig

Öl zum Ausschwenken und Ausbacken

Zubereitungszeit:
ca. 40 Minuten
Zeit zum Ruhen:
ca. 15 Minuten

Löwenstatue in der Verbotenen Stadt in Peking

DAMPFBROT

MAN TOU

Für 4 Personen:

1 Portion Hefeteig (Seite 151)

1 TL weißer Essig (5%)

2 EL Schweineschmalz

Zubereitungszeit
(ohne Zubereitungszeit
für den Hefeteig):
ca. 50 Minuten
Zeit zum Gehen:
ca. 20 Minuten

1. Den Hefeteig mit dem Essig und dem Schmalz gut durchkneten, in ein feuchtes Leinentuch wickeln und 10 Minuten ruhen lassen.
2. Den Teig zu einer Rolle formen und in 40 g große Stücke schneiden. Diese Stücke noch einmal durchkneten. Jedes Stück zu einer Kugel formen und diese noch einmal 10 Minuten unter einem Tuch ruhen und gehen lassen.
3. Die Brote in einen Dampfkochkorb, dessen Boden mit einem nassen Tuch ausgelegt wurde, setzen, dabei 4 Zentimeter Abstand zwischen den Teigstücken halten.
4. Die Brote 25 bis 35 Minuten dämpfen.

Tip

In vielen Provinzen Chinas ißt man dieses Dampfbrot eben so oft wie in Deutschland Brot. 2 Tage altes Dampfbrot wird entweder erneut gedämpft oder fritiert. Dampfbrote werden auch mit Fleisch, das von der kalten Platte des gewürzten Rindfleisches (Seite 56) übrig geblieben ist, gefüllt.

Reisernte in Hunnan

GEKOCHTER REIS

PAI FAN

Für 4 Personen:

2 Reisschalen Reis, vorzugsweise Rundkornreis

2 1/2 Reisschalen Wasser

Zubereitungszeit:
ca. 20 Minuten

1. Den Reis gründlich waschen, dann mit dem Wasser in einen Topf geben und bei großer Hitzezufuhr mit geschlossenem Deckel 5 Minuten kochen. Zwischendurch dreimal umrühren.
2. Die Hitzezufuhr reduzieren und den Reis weitere 2 Minuten kochen.
3. Nun bei ganz geringer Hitzezufuhr den Reis nochmals 4 Minuten kochen. Anschließend den Reis 5 Minuten nachquellen lassen.

Tip

Achten Sie darauf, daß der Deckel des Topfes gut geschlossen ist, sonst verdampft die Flüssigkeit und der Reis setzt an. Auch Langkornreis kann auf diese Weise zubereitet werden, allerdings benötigt er mehr Wasser.

KLEBREISKLÖSSCHEN

TANG YAN

Für 4 Personen:

200 g Klebreismehl

160 ml Wasser

50 g Frühlingszwiebeln

80 g Schweinehackfleisch

1 Prise Salz

1 Prise weißer Pfeffer

1 Prise Glutamat

Klebreismehl zum Bestreuen

1200 ml Hühnerbrühe

2 TL Salz

1 Prise Glutamat

1/2 TL schwarzer Pfeffer

1. Das Klebreismehl mit dem Wasser gut verrühren und verkneten, bis ein glatter Teig entsteht. Die Frühlingszwiebeln putzen und klein schneiden.
2. Das Schweinehackfleisch mit den Frühlingszwiebeln, dem Salz, dem Pfeffer und dem Glutamat mischen und 20 Minuten im Kühlschrank ruhen lassen.
3. Den Klebreisteig in kleine 8 bis 10 Gramm schwere Stücke schneiden, diese mit der Handfläche zu dünnen Platten drücken und 1 Teelöffel Hackfleischmasse darin einwickeln. Die Klößchen mit Klebreismehl bestreuen.
4. Die Hühnerbrühe zum Kochen bringen, die Klößchen Stück für Stück hineingeben und 9 Minuten bei kleiner Flamme kochen. Anschließend Salz, Glutamat, Pfeffer, Zucker, Sesamöl und Chiliöl zur Brühe geben. Den Spinat waschen, mit den Händen auf der Arbeitsfläche etwas zerreiben und in die Brühe geben. Alles noch einmal 2 Minuten kochen. Die Klößchen herausnehmen und servieren.

2 TL Zucker

1 EL dunkles Sesamöl

1 TL Chiliöl

50 g frischer Blattspinat

Zubereitungszeit:
ca. 40 Minuten
Zeit zum Ruhen:
ca. 20 Minuten

Tip

Dieser kleine Snack wird in jeder Familie am letzten Tag der 15tägigen Feiern zum neuen Jahr gegessen. Auch eine süße Variante ist bekannt.

OBSTPLATTE
SHI YIN PIN PAUN SHUI GUO

Für 6 Personen:

2 grüne Bananen

3 verschiedenfarbige Äpfel

1 Ananas

2 Kiwis

Petersilienzweige

Zubereitungszeit:
ca. 50 Minuten

1. Man wähle möglichst gerade Bananen. Die Schale in der Mitte mit einem spitzen Messer zickzackförmig zerschneiden, so daß 4 etwa 3 Zentimeter hohe und ein 6 Zentimeter hoher Zacken entstehen. Die Bananen vorsichtig auseinandernehmen.
2. Den unteren Strunk der Bananen gerade abschneiden, so daß sie senkrecht aufgestellt werden können.
3. 1 Apfel waschen und vierteln. Dann mit einer Schnittfläche nach unten auf die Arbeitsfläche legen.
4. Auf der Schalenseite die Viertel mit 2 Schnitten in der Mitte einkerben. Das Stück jedoch nicht ablösen, sondern nur etwas seitlich verschieben. Dieses Apfelstück erneut einkerben und verschieben. Auf diese Weise fortfahren, bis die erwünschte Anzahl an Stufen entstanden ist.
5. Für die Ananas-Apfel-Kiwi-Blumen die Äpfel waschen, achteln und das Kerngehäuse entfernen.
6. Die Schale der Achtel zickzackförmig in der Mitte einritzen. Mit dem Messer die Schale von oben nach unten bis etwas unterhalb der Zickzacklinie abschneiden und vorsichtig abnehmen.
7. Damit sich die Schale wie Blütenblätter von den Apfelachteln abspreizt, die Schale vom Apfel möglichst weit nach unten hin lösen und die Achtel 20 bis 30 Minuten in Zitronenwasser legen.
8. Von der Ananas 2 Zentimeter dicke Scheiben schneiden, die Schale entfernen und die Scheiben einkerben.
9. 1 Ananasscheibe mit roten, 1 andere mit grünen und wieder 1 andere mit gelben Äpfeln umlegen.
10. Die Kiwis zerteilen, wie bei den Bananen beschrieben. Die Schale etwas ablösen.
11. Kiwis in die Mitte der Ananas setzen und die Blume mit Petersilie garnieren.
12. Bananen, Apfelviertel, Ananas und Ananas-Apfel-Kiwi-Blumen hübsch auf einer Platte anrichten.

**Bananenstaude
auf einer Plantage
der Insel Hainan**

Tip
Anstelle der Ananas können auch Honigmelonen verwendet werden. Damit sich die Obststücke nicht verfärben, diese mit Zitronenwasser einpinseln.

Für 4 Personen:

für den Teig:

350 g Mehl

1 Ei

2 Eßlöffel Backpulver

50 g Kartoffelstärke

1 TL Salz

KARAMELBANANEN
BA SI XIAUNG JIAO

1. Die Zutaten für den Teig mit ¼ Liter Wasser verrühren und 10 Minuten quellen lassen.
2. Jede Banane schälen und in 6 Stücke schneiden. Die Bananenstücke mit Mehl bestäuben und im Teig wenden. Dann Stück für Stück je 4 Minuten fritieren. Herausnehmen und erneut 1 Minute fritieren, bis sie braun werden.
3. Eine Pfanne oder einen Wok erhitzen, zweimal mit Öl ausschwenken. Dann 4 Eßlöffel Öl, den Zucker, 4 Eßlöffel Wasser und eventuell den Maissirup vorsichtig auf kleiner Flamme aufkochen. So lange umrühren, bis die Masse goldbraun wird.
4. Sofort die fritierten Bananenstücke hineingeben und nochmals 8 bis 10 Minuten unter Rühren kochen.

außerdem:

10 EL Öl

4 Bananen oder 3 Äpfel

Mehl zum Bestäuben

12 EL Zucker

eventuell 4 TL Maissirup

Öl zum Ausschwenken, Fritieren und Braten

Zubereitungszeit:
ca. 30 Minuten
Zeit zum Quellen:
ca. 30 Minuten

Für 2 Personen:

350 g Mehl

1 Ei

1 TL Backpulver

8 EL Zucker

4 EL schwarze Sesampaste

1 EL Öl

Mehl zum Bestreuen

Öl zum Fritieren

Zubereitungszeit:
ca. 30 Minuten
Zeit zum Ruhen:
ca. 1 Stunde

FRITIERTE SESAMSTREIFEN
SHI JIN PIN (Sichuan)

1. Das Mehl, das Ei, das Backpulver, den Zucker, die Sesampaste und 120 Milliliter Wasser und dem Öl gut verkneten. Nun die Masse zu einer Kugel formen, 1 Stunde in einem geschlossenen Gefäß ruhen lassen.
2. Etwas Mehl auf ein Backblech streuen und die Kugel so dünn wie möglich ausrollen. Jetzt in 4 Zentimeter lange und 2 Zentimeter breite Streifen schneiden und mit Mehl bestreuen.
3. Öl in einem Topf erhitzen und die Hälfte der Sesamstreifen Stück für Stück hineingeben und bei kleiner Flamme 2 Minuten fritieren. Jetzt die Hitzezufuhr erhöhen und die Streifen so lange fritieren, bis sie braun sind. Zwischendurch einmal wenden.

Teepflückerin in Guangxi

EIER MIT TEE
LIANG BAN SAN XIAN (Peking)

1. Die Eier waschen. 2 Liter Wasser zum Kochen bringen.
2. Salz, Sternanis und Zimt hineingeben und 5 Minuten kochen lassen. Jetzt den chinesischen Tee hinzugeben und 30 Minuten auf kleiner Flamme kochen. Nun die Eier hineingeben und 20 Minuten kochen.
3. Die Eier herausnehmen und 5 Minuten in kaltes Wasser legen. Jetzt die Eierschale anklopfen, so daß Risse entstehen. Erneut in den Sud geben und 20 Minuten kochen. Die Eier warm oder kalt essen.

Für 4 Personen:

10 Eier

5 g chinesischer schwarzer Tee

3 EL Salz

20 g Sternanis

20 g Stangenzimt

Zubereitungszeit:
ca. 85 Minuten

CHINESISCHER NACHTISCH
YIN ER (Kanton)

1. Den Agar-Agar etwa 15 Minuten auf mittelgroßer Flamme in $1/2$ Liter Wasser kochen und dabei auflösen. Gleichzeitig 60 Gramm Zucker einrühren und ebenfalls auflösen lassen.
2. Die Masse in eine flache, viereckige Form gießen und 40 Minuten kalt stellen. Dabei wird sie fest.
3. Die feste Masse in 2 Zentimeter große Würfel schneiden.
4. Die Pilze 30 Minuten in heißem Wasser ziehen lassen. Die Stiele abschneiden und die Hüte weitere 20 Minuten in kaltes Wasser legen. Danach kurz abwaschen und abtropfen lassen.
5. 1 Liter Wasser erhitzen und den restlichen Zucker darin auflösen, anschließend erkalten lassen.
6. Die Agar-Agar-Würfel, die Holzohren und das geputzte klein geschnittene Obst mit den Lotuskernen in den Zuckersirup geben und 1 Stunde kalt stellen.

Für 6 Personen:

5 g Agar-Agar

180 g Zucker

15 g weißes Holzohr

500 g verschiedene Obstsorten

150 g Lotuskerne

Zubereitungszeit
(ohne Zeit zum Abkühlen):
ca. 40 Minuten
Zeit zum Quellen:
ca. 50 Minuten

CHINESISCHE KUCHEN MIT ROTE-BOHNEN-PASTE

TAU SA GUN PIN (Sichuan)

1. Zucker, Ei und Mehl in eine Schüssel geben und gut verrühren. Dann nach und nach 120 Milliliter heißes Wasser unterkneten.
2. Diese Teigmasse auf einem bemehlten Backblech 24 Zentimeter lang und 12 Zentimeter breit ausrollen. Nun die Rote-Bohnen-Paste in die Mitte des ausgerollten Teiges streichen und den Teig zusammenklappen, so daß die Rote-Bohnen-Paste zwischen den Teighüllen liegt. Die Teigränder kräftig zudrücken.
3. Danach die Oberseite mit Eigelb bestreichen und die weißen und schwarzen Sesamkörner darüberstreuen.
4. Den Kuchen bei mittelgroßer Hitze 10 bis 15 Minuten backen oder den Kuchen in einer Pfanne bei mittelgroßer Hitze in reichlich Öl 6 bis 8 Minuten braten. Zwischendurch mehrmals wenden.

KLEBREISKUCHEN

NIEN GAUN

1. Das Klebreismehl und das Reismehl mit etwa $1/4$ Liter Wasser vermischen und gut verkneten.
2. 360 Milliliter Wasser mit dem Zucker kochen, bis sich der Zucker aufgelöst hat. Anschließend erkalten lassen.
3. Den Zuckersirup mit dem Teig verrühren. Das Schweineschmalz hinzufügen und die Rosinen einrühren. Reisschalen mit Öl auspinseln und mit Klarsichtfolie auslegen. Den Teig je zur Hälfte hineingeben und mit Sesamkörnern bestreuen. Anschließend $1 1/2$ Stunden dämpfen.
4. Den Klebreiskuchen danach 2 bis 3 Tage stehen lassen, damit die Restfeuchtigkeit verdampfen kann. Dann erst in $1/2$ Zentimeter dicke und 4 Zentimeter lange Stücke schneiden.

SÜSSE SESAMSUPPE

ZIN MA HAU (Kanton)

1. 1 Liter Wasser in einem Topf zum Kochen bringen. Jetzt den gemahlenen Sesam, die Erdnüsse und den Zucker in das kochende Wasser geben und unter ständigem Rühren 2 Minuten kochen.
2. Nun die Kartoffelstärke unter ständigem Rühren langsam hineingießen und 2 Minuten kochen lassen.

糯米

Der Klebreis wird hauptsächlich für zeremonielle Speisen und zur Herstellung von Pudding und Kuchen verwendet, und er ist, nicht zu vergessen, das Ausgangsprodukt für den Shaoxing-Wein. Durch Kochen wird der ansonsten undurchsichtige Reis transparent und glänzend; seine Körner kleben dann zusammen, und er erhält ein feines, süßliches Aroma. Klebreis wird normalerweise nur an Festtagen und zu besonderen Gelegenheiten gegessen. Früher dagegen glaubte man, daß er den Körper träge mache und auf lange Sicht die Glieder schwäche

REZEPTVERZEICHNIS

Im FALKEN Verlag sind zum Thema „Chinesisch kochen" folgende Bücher erschienen:
Schlemmerreise durch die Chinesische Küche (4184)
Spezialitäten aus dem Wok (933)
Chinesisch kochen mit dem Wok und Mongolentopf (557)

CIP-Titelaufnahme der Deutschen Bibliothek

Ho, Fu-Lung:
Mit Lust und Liebe chinesisch kochen: eine kulinarische Reise durch das Reich der Mitte / Ho Fu-Lung, Uli Franz. – Niedernhausen/Ts.: FALKEN, 1989
(FALKEN Sachbuch)
ISBN 3-8068-4441-0
NE: Franz, Uli:

ISBN 3 8068 4441 0

© 1989 by Falken-Verlag GmbH, 6272 Niedernhausen/Ts.
Titelbild: TLC-Foto-Studio GmbH, Bocholt
Fotos: Jule Frank, Elmshorn, Seite 46 rechts oben und rechts unten, 152, Uli Franz, Köln: Seite 6/7, 23 (Foto von Boiarski 1874–1875), 27, 28/29, 31, 39, 47, 63, 73, 91, 131, 167, 170, 173, Claus Hansmann, Stockdorf: Seite 5, 18, 18/19, 21, 22, 25, IFA-Bilderteam, München: Seite 14 (Gerig), 87 (Gerig), 101 (Aberham), 150 (Gottschalk), 165 (Bail), Erhard Pansegrau, Berlin: Seite 10, 11, 12, 13, 20, 36, 44, 46 rechts Mitte, 108, Harmut Schön, Riepen: Seite 16, 51, Ingrid Schwarzer, Heidelberg: Seite 118, 136, 168, TLC-Foto-Studio GmbH, Bocholt: alle restlichen Fotos, Ecko Wille, Bergen: Seite 116
Chinesische Schriftzeichen: Gu Yuzhong, Groß-Gerau
Zeichnung Karte Seite 8/9: Ilse Stockmann-Sauer, AS-Design, Offenbach
Satz: Grunewald Satz & Repro GmbH, Kassel
Druck: Karl Neef GmbH & Co., Wittingen

817 2635 4453 6271